加密貨幣投資金律

原名——比特幣投資金律

The Rules of Cryptocurrency Investment

腦哥 著

幣圈實戰教學及獲利放大法則

目錄
Contents

新版序　　　　　　　　　　　　　　　　　　　　　　　004

前言　　　　　　　　　　　　　　　　　　　　　　　　007

Part 1　認識比特幣

1-1　比特幣的誕生　　　　　　　　　　　　　　　　　014

1-2　比特幣的特性：知識篇　　　　　　　　　　　　　021

1-3　比特幣的特性：投資篇　　　　　　　　　　　　　033

1-4　比特幣簡史與價格走勢　　　　　　　　　　　　　040

1-5　「虛擬」貨幣的價值來源　　　　　　　　　　　　054

1-6　回應：對比特幣的 30 個質疑與擔憂　　　　　　　062

1-7　2024 年底比特幣分布數據　　　　　　　　　　　078

1-8　比特幣的願景分析及價格分析　　　　　　　　　　085

1-9　財經名人對於比特幣的價格看法　　　　　　　　　093

Part 2　買賣加密貨幣的實戰教學

2-1　比特幣交易流程介紹　　　　　　　　　　　　　　100

2-2　主流中心化交易所介紹　　　　　　　　　　　　　110

2-3　幣託交易所教學（台幣出入金）　　　　　　　　　123

2-4　國際主流交易所教學：幣安　　　　　　　　　　　129

2-5　重要加密貨幣種類介紹　　　　　　　　　　　　　138

2-6　去中心化交易所介紹　　　　　　　　　　　　　　156

2-7　認識 Web3 錢包與冷錢包　　　　　　　　　　　164

2-8　幣圈必追 X 名單與中文媒體　　　　　　　　　　172

Part 3　詐騙類型和泡沫風險分析

3-1　8種常見幣圈詐騙類型　　182
3-2　傳銷幣案例分析　　193
3-3　交易所倒閉與駭客風險　　197
3-4　穩定幣USDT，危機與現況　　204
3-5　盤點泡沫風險：ICO、NFT、鏈遊、迷因幣、微策略　　209

Part 4　進階幣圈投資：放大獲利的9種策略

4-1　幣圈策略一：長期持有　　218
4-2　幣圈策略二：DCA策略　　223
4-3　幣圈策略三：新幣挖礦　　225
4-4　幣圈策略四：放貸收息　　230
4-5　幣圈策略五：流動性挖礦　　233
4-6　幣圈策略六：擼羊毛　　237
4-7　幣圈策略七：合約交易　　240
4-8　幣圈策略八：機器人交易　　246
4-9　幣圈策略九：選擇權交易　　252

附錄　幣圈術語小辭典　　257

新版序
未來已來

　　2021 年 7 月，當我開始撰寫本書的第一版時，世界上「沒有任何」一個國家將比特幣視為法幣，華爾街巨頭「沒有任何」一間提供比特幣產品，美國政府不停控告幣圈項目不合法合規，中、日、韓、泰諸國幾乎均有加密禁令，幣圈投資人大多是草根、散戶、年輕族群，台灣也尚未制定任何法規供機構遵循。

　　2025 年 5 月，當我們在編修本書時，美國政府宣布建立「比特幣戰略儲備」，華爾街巨頭貝萊德（BlackRock）推出「比特幣 ETF」，歐盟正式通過「MiCA 法案」（Markets in Crypto-Assets Regulation），日本政府主動推進 Web3 技術發展，韓國開放機構交易加密貨幣，泰國通過部分「稅務優惠政策」支持幣市交易，香港的投資移民計畫認可加密貨幣作為資產證明，台灣也出現第一位擁有 Web3 背景的立委，且虛擬通貨公會正式成立，積極與政府合作研擬各項法規。

　　我們當初口中的未來，已經來了。

　　身為一個加密科普的作者與 YouTuber，最讓我感到驕傲的是，我們不需要像其他投資老師，向你說明自己有多厲害、上個月賺多少錢。正好

相反：我們不需要多厲害、不需要多有天賦，只需要比別人更勇於探索，更早看懂、讀懂、認知到具備指數化增長潛力的加密貨幣，並學會用正確的方式投資布局這個新興市場，就能隨著社會認知跟上而賺到不錯的報酬。

更棒的是，這其中的報酬依舊令人稱羨，且隨著市場的成熟與監管的完善，安全性也比我當年入圈時高了更多。交易所開始自主公開鏈上儲備證明，在特定層面上提供傳統金融難以比擬的透明性；去中心化平台開始與資管機構合作，重新審視代碼與資金安全標準；在每一輪熊市的淘選下，有問題的項目方逐漸被市場淘汰，留下更多腳踏實地建設的團隊。更甚者，隨著川普政權在2025年正式入主白宮，從當局正視幣圈法規到主動鼓勵創新，越來越多傳統的金融集團開始提供不同族群接觸加密貨幣的服務，也讓世界各國意識到：區塊鏈改變金融格局的潛力，已經不容忽視。

4年前，可能是你加入幣圈最好的機會。
而現在，是你加入幣圈最後的機會。

若干年後，「幣圈」這個詞將會褪去神秘的面紗，加密貨幣將會與傳統金融徹底整合：你會看到銀行開始使用區塊鏈上的「穩定幣」做結算；你會看到股票投資人買的是「代幣化」的證券；你會看到人們跨國匯兌不再填寫 SWIFT 碼，而是填寫某條區塊鏈上的地址⋯⋯到那個時候，我們可能不會再有閱讀本書的必要，因為任何滿18歲的公民都將從理財網紅或銀行理專口中聽見比特幣的投資方式。你能在你的網銀 App，甚至電信 App（台灣大哥大已經在2025年正式成立了一間新交易所）上看見投資比

特幣的選項。到那個時候，人們會看見比特幣的投資報酬率與風險都開始遞減，並開始懷疑（就像歷史上任何一刻）比特幣的價格已經高到必須回調；但人們也會理解，比特幣就像一般的股債配置那樣，是常態出現在資產組合的一部分。

到那個時候，讀過這本書的你會再度想起這一段話：

2013 年，人們說 1 千美元的比特幣已經太貴。
2017 年，人們說 1 萬美元的比特幣已經太貴。
2021 年，人們說 5 萬美元的比特幣已經太貴。
2025 年，人們說 10 萬美元的比特幣已經太貴。

但實際上，比特幣從來就沒變過，反倒是央行想讓你相信的「法幣」不斷在改變、在增發、在貶值。到那個時候，或許我們才會真正相信「黃金是上帝的錢，比特幣是人民的錢」。

——腦哥，2025 年 5 月 27 日

前言
「現在正是投資比特幣最好的時期」

比特幣，一個令人感到既熟悉又陌生的詞彙。

我對比特幣的第一印象，是 2017 年的夏天。當時，甫升上大二的我從學長口中聽到這個詞，所以很感興趣地問了一些相關問題，像什麼是比特幣？似乎在哪裡聽過這個詞⋯⋯等等。然而，（在我印象中）學長當時能給我的回答也僅限於「它是一種虛擬的數位貨幣」、「炒作很兇」等等而已。

可惜的是，那時我沒有追問，也沒有繼續深究。

後來 2018 年 12 月的某一天，我去上了政大最熱門的選修課之一「工商心理學導論」。這堂課的特色之一，是教授會不定期邀請外面業界的老師來與同學分享心理學實際在產業上的應用。那一天，受邀來分享的業師介紹了 FOMO（Fear of Missing Out，害怕錯過）與 FUD（Fear, Uncertainty, Doubt，恐懼、不確定性與懷疑）等投資領域上的心理學概念。前者常用在一項投資標的快速漲價時，投資人因為害怕錯過明日漲幅而不顧一切的進場，通常是危機的警訊；後者則相反，常指在投資人遇到不確定行情時的過度拋售風潮，而這通常是反彈的徵兆。

業師那堂課舉的市場實例，正好就是當時令所有人陷入 FUD 的比特幣。

比特幣市場正處在 2017 年泡沫化最黑暗的時刻，從 19,000 美元歷史高點跌到 3,000 美元的谷底。

下課後，我不像平時一樣跑回系辦玩手機遊戲，而是留下來拚命地問業師各種問題。這一次我的問題從「虛擬貨幣是什麼？」成了「該怎麼買比特幣？」。當時我哪裡曉得比特幣市場價格正在幣價連續被腰斬的極度恐慌時期，我的腦海裡只有一個念頭：比特幣很酷，而且聽起來現在是低點。

我花了兩個禮拜處理好銀行帳號（抱怨一下，我跑了銀行四趟以上才辦好，傳統金融有夠難用）、註冊了台幣交易所、入金、買進人生第一筆比特幣。從後見之明看來，這是近幾年最好的抄底時機之一，但當時的我除了覺得比特幣很新潮之外，幾乎是只憑「四年週期」的低點就無腦買進了。這是值得效法的投資建議嗎？絕對不是。但我從買入至今始終 HODL（持有）沒有賣掉的策略，或許可以給初入幣圈的讀者們參考。（關於投資策略，比較心急的讀者可以直接翻到第四章。）

時間快轉到 2020 年的春天，當時我剛結束期貨業的實習，打算到新創產業挑戰一下自我。在一次新創博覽會上，我再度被「區塊鏈」相關的新創公司吸引。我將履歷投到了兩家有趣的團隊，很幸運地得到 Dapp Pocket 的面試機會，並錄取為研究實習生。當時只覺得區塊鏈很有趣才選這個產業的我，做夢也不會想到這個決定會直接影響我將來全力投入的第一份事業；更想不到的是當時錄取我的那位年輕創業家 Anderson，後來竟成為知名交易所 Coinomo 的共同創辦人暨技術長，也成為指引我生涯發展

的恩師和貴人。

接下來的事情，「幣圈」人就比較熟悉了。我在 DP 除了擔任研究實習生，也負責撰寫每週更新的 DeFi 每週報告（現《The DeFier 週報》）。這一寫就是一年半，中間經歷出國交換、甚至畢業旅行也沒間斷過。我在那年暑假受到 Anderson 和 Lily 的鼓勵，開始經營 YouTube 頻道「腦哥 Chill 塊鏈」，嘗試把所學的幣圈知識用最簡單的白話、最平易的管道分享給所有人。

2020 年 12 月，我被推薦加入「Binance 幣安隊長」計畫，成為台灣最年輕的幣安隊長；隔年 4 月，我擔任派網 Pionex 城市經理人暨校園大使。就在頻道和市場看起來越來越好的時候，比特幣經歷了 4 月到 7 月的大幅度回調。我的頻道發展停滯，投資獲利也回吐了大半。這讓我再度回想起當年業師教的 FOMO 情緒陷阱，也深刻體會了在比特幣市場盲目隨著幣價追漲殺跌的高風險性。

在我經營幣圈社群的期間，市場上出現過許多「萬倍」報酬率的奇蹟，也聽見不少被詐騙或「空氣幣」敗光資產的受災戶；出現過馬斯克（Elon Musk）靠一己之力把狗狗幣喊到千億美元市值，也少不了 312、519 的瀑布式幣價崩盤。我雖無緣抓住哪個萬倍幣一夜致富，但有幸憑著最簡單的幾個幣圈投資策略，靠現貨、放貸、量化交易、有紀律地使用槓桿等，在比特幣、以太幣等主流加密貨幣的投資上賺到人生第一桶金。我認為這個策略適合大多數的幣圈新手，希望能分享給更多人。

回過頭看，也許你會羨慕我在近年來最理想的時間點進場，但真的是如此嗎？只憑著一堂業師課就將省下來的零用錢投進完全沒有研究過的市場，真的是值得感到光榮的投資經歷嗎？人們習慣用投資績效來判斷一

切,但結果論卻常常忽視投資最重要的一個原則:風險與報酬的關係。

至今為止,何時才是我們一般人投資比特幣最理想的時機?

如果你只考慮績效,那麼當然是十多年前比特幣剛問世時,1萬個比特幣才買得起兩片披薩的時期。但作為一個剛問世不久、八成民眾還沒聽過(聽過也都視為詐騙)的新型態數位貨幣,以投資的角度買幣,「風險」實在是太高了。這裡指的風險不是波動率,而是比特幣是否能持續存在、能否持續被市場視為有價值的「資產」或曇花一現的「泡沫」。很多人以為比特幣漲跌幅度比股市大得多,因此不願承受風險,但這完全是將風險這個詞的意思搞錯了──你只要投入較少比例資金,就能避免波動率對本金的影響了。

近年來,區塊鏈產業進展連連,項目方從「白皮書談兵」進化到了「程式碼論真章」;機構資金開始關注,華爾街從「比特幣是場騙局」變成了「比特幣能分散風險」;公司企業開始採用,區塊鏈從乏人問津到現在有X(原Twitter)、Meta等科技巨頭積極整合;最重要的是,各國政府意識到比特幣的金融與技術潛力,薩爾瓦多成為史上第一個將比特幣列為法幣的國家,美國也在2021年10月19日核准了第一檔比特幣期貨ETF(NYSE Arca,交易代碼BITO)。

在全球主要國家正式認可比特幣的那天之前,沒有人能保證這個市場將持續活躍;而在華爾街完成比特幣配置後,比特幣市場則可能迅速趨於飽和。我們正處在美國證券交易委員會隨時可能批准更多比特幣合法金融商品,華爾街卻還差臨門一腳的交叉路口。單就「風險報酬比」而言,綜觀比特幣歷史,**我斗膽認為:現在,很可能就是一般人投資比特幣最好的時期。**

我在撰寫這本書的內容時，圍繞著幾個核心的理念：首先，任何人都不應該草率投資沒有一定程度了解的資產。**靠運氣賺來的，總有一天會靠實力賠掉**。因此，第一章我從區塊鏈和比特幣的發源開始簡單介紹了這個新科技應該具備的 15 個常識（我不是理工背景，所以不會有技術內容，請安心服用）。接著，任何高報酬率的機會永遠伴隨著無數風險，加密貨幣市場更是如此，因此在進入第四章投資策略前，我用整個第三章介紹了如何避免踩雷，以及一般比特幣推廣者不多著墨的加密貨幣風險。最後，才是介紹進階的比特幣投資策略與工具，本書第四章介紹的 9 種獲利策略有經典不敗款、也有近期才出現的最新玩法，但共通點是**「獲利來源明確、獲利機制可持續」**的策略，而這也是新手初入幣圈時必須注意的重點。任何的投資策略都要了解它背後的獲利來源，否則你的本金很可能成了別人的獲利來源。

本書內容雖然盡量追求詳實，但市場瞬息萬變且個人能力有限，無法完整地將加密貨幣投資的所有細節呈現給各位讀者，在此致上最誠摯的歉意。如果讀者對內容有疑慮或有想要反饋給我的意見，歡迎到我的 Facebook 粉專「腦哥 Brain Bro」告訴我。最後，本書的完成，仰賴一心文化的編輯大大芳毓的鼎力協助，以及在審稿時給予我不少提點的 Anderson、Benson、Daivd、Wilson、果殼律師與區塊里里長伯等人，沒有你們的幫助就不會有這本書的誕生，在此致上 120 萬分的感謝。

（本篇文章原收錄於 2021 年 11 月出版的《比特幣投資金律》）

免責聲明

本書內容不具備投資建議,僅是作者個人觀點與資訊彙整。
加密貨幣是高風險高報酬的投資,
讀者諸君應理性判斷,審慎投資。

Do Your Own Research.
做自己的研究,為自己的投資負責,
是進入幣圈或進行任何投資之前,最重要的事。

Part 1
認識比特幣

銀行為華爾街服務,加密貨幣為所有人服務
The banks serve Wall Street, crypto serves all streets.
——Bitcoin Rap Battle Debate

1-1 比特幣的誕生

在金融市場動盪中問世

2008年9月,美國「次級房貸」引發的金融海嘯席捲全球,全美第四大投資銀行雷曼兄弟6,130億美元壞帳的倒閉衝擊,不但宣告了全球金融危機襲來,對於政府和金融機構的不信任感也在大眾心中蔓延。同年10月,一位署名「中本聰」(Satoshi Nakamoto)的神秘人士,在metzdowd.com 網站發表了一篇文章,標題為〈比特幣,點對點的電子金錢系統〉(Bitcoin, A Peer-to-Peer Electronic Cash System)。這就是後來大名鼎鼎的「比特幣白皮書」,也是比特幣這個詞第一次出現在人們的視野裡。

這篇白皮書僅有短短9頁的A4篇幅,但從加密貨幣產業至今的發展看來,這一紙白皮書可說動搖了1970年以來人們根深蒂固的金融與貨幣觀。事實上,中本聰並非無中生有,純靠一己之力就完成這個近乎烏托邦的偉大構想,加密貨幣的淵源也是奠基於許多前輩的心血之上。

早在1990年代,有一群被稱為賽博龐克(Cyberpunk)的密碼學專家,經常出沒於小眾網路論壇。他們積極研究,想要運用「數學」讓金融交易可以去除第三方的控制(即所謂的「去中心化」),只存在於買方和

Bitcoin: A Peer-to-Peer Electronic Cash System

Satoshi Nakamoto
satoshin@gmx.com
www.bitcoin.org

Abstract. A purely peer-to-peer version of electronic cash would allow online payments to be sent directly from one party to another without going through a financial institution. Digital signatures provide part of the solution, but the main benefits are lost if a trusted third party is still required to prevent double-spending. We propose a solution to the double-spending problem using a peer-to-peer network. The network timestamps transactions by hashing them into an ongoing chain of hash-based proof-of-work, forming a record that cannot be changed without redoing the proof-of-work. The longest chain not only serves as proof of the sequence of events witnessed, but proof that it came from the largest pool of CPU power. As long as a majority of CPU power is controlled by nodes that are not cooperating to attack the network, they'll generate the longest chain and outpace attackers. The network itself requires minimal structure. Messages are broadcast on a best effort basis, and nodes can leave and rejoin the network at will, accepting the longest proof-of-work chain as proof of what happened while they were gone.

1. Introduction

Commerce on the Internet has come to rely almost exclusively on financial institutions serving as trusted third parties to process electronic payments. While the system works well enough for most transactions, it still suffers from the inherent weaknesses of the trust based model. Completely non-reversible transactions are not really possible, since financial institutions cannot avoid mediating disputes. The cost of mediation increases transaction costs, limiting the minimum practical transaction size and cutting off the possibility for small casual transactions, and there is a broader cost in the loss of ability to make non-reversible payments for non-reversible services. With the possibility of reversal, the need for trust spreads. Merchants must be wary of their customers, hassling them for more information than they would otherwise need. A certain percentage of fraud is accepted as unavoidable. These costs and payment uncertainties can be avoided in person by using physical currency, but no mechanism exists to make payments over a communications channel without a trusted party.

What is needed is an electronic payment system based on cryptographic proof instead of trust, allowing any two willing parties to transact directly with each other without the need for a trusted third party. Transactions that are computationally impractical to reverse would protect sellers from fraud, and routine escrow mechanisms could easily be implemented to protect buyers. In this paper, we propose a solution to the double-spending problem using a peer-to-peer distributed timestamp server to generate computational proof of the chronological order of transactions. The system is secure as long as honest nodes collectively control more CPU power than any cooperating group of attacker nodes.

中本聰的比特幣白皮書第一頁

賣方之間。那時，賽博龐克圈中的密碼學專家們，提出了多種密碼貨幣系統，例如尼克・薩伯（Nick Szabo）的「比特金」（Bit Gold）、哈爾・芬尼（Hal Finney）的 RPOW、大衛・喬姆（David Chaum）的「電子現金」（DigiCash）。可惜的是，這些計畫當時並沒有掀起太大的漣漪。

直到 2008 年，中本聰的比特幣白皮書融合前輩們的觀念，提出了全新的「區塊鏈」（blockchain）技術。在天時（金融不信任）、地利（網路建設）、人和（開發者支持）都已成熟的條件下，2009 年 1 月 3 日中本聰挖出了歷史上第一個區塊，也就是比特幣的創世區塊（Genesis Block），宣告了比特幣區塊鏈網路正式上線。中本聰在創世區塊上面鑲嵌了一段文字：

2009 年 1 月 3 日泰晤士報，財政大臣處於第二次銀行紓困的邊緣（The Times 03/Jan/2009 Chancellor on brink of second bailout for banks）。

```
00000000   f9 be b4 d9 1d 01 00 00   01 00 00 00 00 00 00 00   |................|
00000010   00 00 00 00 00 00 00 00   00 00 00 00 00 00 00 00   |................|
00000020   00 00 00 00 00 00 00 00   00 00 00 00 3b a3 ed fd   |............;...|
00000030   7a 7b 12 b2 7a c7 2c 3e   67 76 8f 61 7f c8 1b c3   |z{..z.,>gv.a....|
00000040   88 8a 51 32 3a 9f b8 aa   4b 1e 5e 4a 29 ab 5f 49   |..Q2:...K.^J)._I|
00000050   ff ff 00 1d 1d ac 2b 7c   01 01 00 00 00 01 00 00   |......+|........|
00000060   00 00 00 00 00 00 00 00   00 00 00 00 00 00 00 00   |................|
00000070   00 00 00 00 00 00 00 00   00 00 00 00 00 00 ff ff   |................|
00000080   ff ff 4d 04 ff ff 00 1d   01 04 45 54 68 65 20 54   |..M.......EThe T|
00000090   69 6d 65 73 20 30 33 2f   4a 61 6e 2f 32 30 30 39   |imes 03/Jan/2009|
000000a0   20 43 68 61 6e 63 65 6c   6c 6f 72 20 6f 6e 20 62   | Chancellor on b|
000000b0   72 69 6e 6b 20 6f 66 20   73 65 63 6f 6e 64 20 62   |rink of second b|
000000c0   61 69 6c 6f 75 74 20 66   6f 72 20 62 61 6e 6b 73   |ailout for banks|
000000d0   ff ff ff ff 01 00 f2 05   2a 01 00 00 00 43 41 04   |........*....CA.|
000000e0   67 8a fd b0 fe 55 48 27   19 67 f1 a6 71 30 b7 10   |g....UH'.g..q0..|
000000f0   5c d6 a8 28 e0 39 09 a6   79 62 e0 ea 1f 61 de      |\..(.9..yb...a.|
000000ff
```

中本聰鑲嵌在創世區塊上的文字

那是當天英國《泰晤士報》（The Times）的新聞頭條，時代背景是2008年金融海嘯爆發後許多銀行面臨破產危機，各國政府被迫出手救助銀行，提供巨額資金以避免金融系統崩潰。2009年初，這種情況仍在持續，這篇新聞報導反映了當時英國政府正在考慮進行第二次銀行救助的局面。中本聰在比特幣創世區塊中嵌入這句話，意在批評傳統金融體系的脆弱和政府對銀行的援助行為，並強調比特幣作為去中心化、抗操控的使命。這一行為也為比特幣賦予了象徵意義，表明比特幣是對現有金融系統的一種回應和挑戰。

2010年底，比特幣之父中本聰銷聲匿跡

比特幣問世之初，並沒有在全球範圍造成什麼影響，而是僅在少數愛好者之間彼此交流、改進系統，中本聰也參與了比特幣初期的升級與改良設計。2010年12月，許多支持者用比特幣捐款給當時涉入洩漏美國外交機密的網站「維基解密」（WikiLeaks），中本聰覺得此舉會引來政府側目，但他並未制止，而維基解密最後也接受了比特幣捐款。不久之後，中本聰逐漸減少他在網路上的發言，在12月12日回應完最後一個程式碼問題後，這位比特幣之父無預警地徹底與外界斷聯。根據紀錄，他那時擁有的比特幣數量約為100萬顆左右。而比特幣的發展並沒有隨著發明者中本聰的失蹤而停止，反而開始出現越來越多的狂熱者，自發的技術團隊持續升級比特幣區塊鏈的技術，與此同時，比特幣的價格也不斷飆升。

加密貨幣 16 年的飛速成長

在中本聰消失的這 16 年之間，從 2009 年 10 月，1 美元可以換到 1,300 多個比特幣，到了 2025 年 5 月，一個比特幣的價格高點觸及 11 萬美元。千萬倍的收益率，讓比特幣成為了無數投資者爭相搶進的新市場。與此同時，受到比特幣概念啟發的加密貨幣不斷誕生，例如以太幣（ETH）、泰達幣（USDT）、艾達幣（ADA）、幣安幣（BNB）、狗狗幣（DOGE）等等。這些加密貨幣通常參考了比特幣的概念或改進比特幣的缺點，被稱為「山寨幣」（altcoin）。截至 2025 年 5 月底，CoinMarketCap.com 所追蹤的加密貨幣就超過 1,600 萬種，總市值突破 3.41 兆美元，其中比特幣市值約 2.15 兆美元。

作為比特幣的核心技術，區塊鏈也在這 16 年間獲得了爆炸性的成長，孕育出了智能合約（Smart Contract）、首次代幣發行（ICO）、去中心化金融（DeFi）、去中心化應用程式（DApp）、非同質代幣（NFT）、去中心化自治組織（DAO）、遊戲化金融（GameFi）、元宇宙（metaverse）和實體資產代幣化（RWA）等等應用。每一次的應用升級，都帶來更多的使用者並引發交易狂熱。

比特幣支持者認為，比特幣與區塊鏈就像是千禧年的網際網路革命，是可以改變世界的新世代科技革命。因此，只要將比特幣 2.15 兆美元的市值，與黃金 22.5 兆美元的總市值，以及微軟（3.3 兆美元）、輝達（3.2 兆美元）、蘋果（2.9 兆美元）等世界頂尖企業的市值相比（數據截至 2025 年 5 月），就能看出比特幣仍有相當大的成長空間。

排名	公司名稱	股票代碼	市值
1	Gold	GOLD	$22.55T
2	Microsoft	MSFT	$3.35T
3	NVIDIA	NVDA	$3.20T
4	Apple	AAPL	$2.92T
5	Bitcoin	BTC	$2.15T
6	Amazon	AMZN	$2.13T
7	Alphabet (Google)	GOOG	$2.05T
8	Silver	SILVER	$1.89T
9	Vanguard Total Stock Marke	VTI	$1.70T
10	Saudi Aramco	2222.SR	$1.62T
11	Meta Platforms (Facebook)	META	$1.58T

2025年5月24日世界總資產排名，比特幣排名第五，市值2.15兆美金。來源：coinglass.com

根據 River.com 於 2025 年初發布的報告〈River Bitcoin Adoption Report 2025〉顯示，美國擁有比特幣的人口僅占 14%，而全世界擁有比特幣的人口更低於 4%。若以全球約 3% 的比特幣普及率來估計，我們仍處於這項技術的非常早期階段，就像 1996 年的網路銀行普及率（3%）、2005 年的社群媒體普及率（3%）和 1990 年的網際網路普及率（3%）那樣富含潛力，非常值得有志者花心思來研究並找到其中商機。

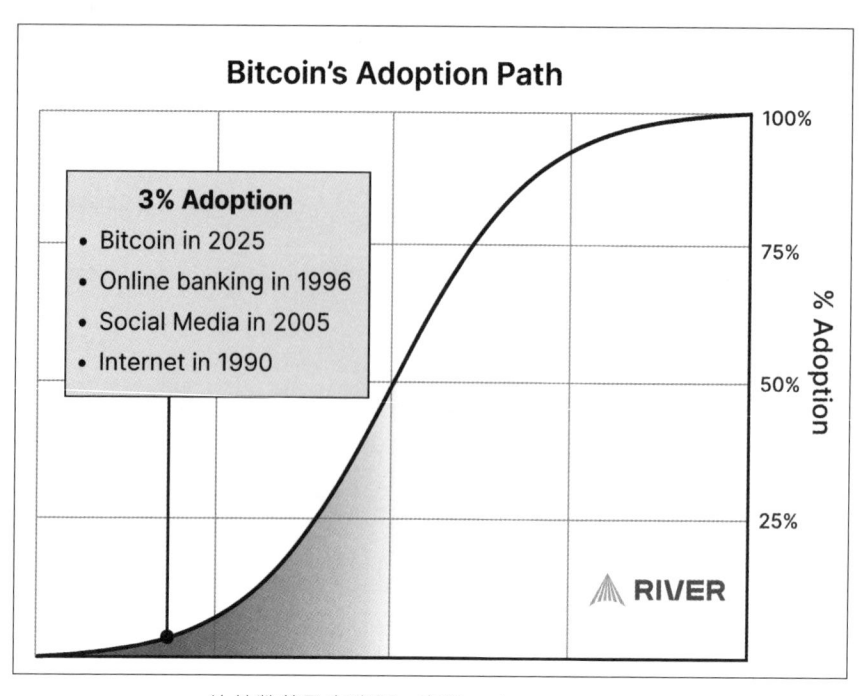

Bitcoin's Adoption Path

3% Adoption
- Bitcoin in 2025
- Online banking in 1996
- Social Media in 2005
- Internet in 1990

比特幣普及率路徑。來源：Our World in Data

1-2
比特幣的特性：知識篇

　　比特幣之所以難懂，除了它是一個未被廣泛採用的新資產、新科技之外，也因為多數人習於直接解釋投資與挖礦等獲利導向的應用，跳過了技術性與知識上的介紹，讓許多即使已有多年投資經歷的老手，仍然霧裡看花。筆者認為，短期而言，快速理解幣圈投資技巧或許能讓你更快獲得報酬率，但進一步認識比特幣與區塊鏈的基礎概念，不但能讓你的投資之路少踩雷，還能明確自己的長線策略。

　　貨幣在歷史演進中，從原始的貝幣、金幣、具有貴金屬支持的紙幣、具有政府支持的法幣，到現在許多的數位形式，我們可以看出一段從「去中心化」資產（如黃金）往「中心化」資產（如法幣）的轉變，以及從實物貨幣（如金幣）往數位貨幣（如支付寶）的轉變。時至今日，我們已經習慣日常使用的貨幣是由某個機構如政府、企業擔保，以確保其價值，卻忽略了貨幣根本的價值是來自一項資產的「稀缺性」、「不易衰敗」、「去中心化」以及「容易分割」等性質。比特幣便是圍繞此核心設計的數位資產。在接下來的兩個章節，我會帶領讀者了解比特幣最重要的15個特性，包含一開始就設定好的發行和交易規則。

比特幣特性 1：沒有中央銀行的數位貨幣

　　比特幣是一種只存在於網路上的虛擬數位貨幣。從本質上來看，它就是一串數位代碼罷了。然而，在比特幣問世之前，世界上早已存在許多不同形式的虛擬貨幣，包括網購商城的點數、線上遊戲的虛擬幣、還有大富翁的紙鈔等等⋯⋯那麼，為什麼這些虛擬幣的價值通常局限於特定平台，而比特幣卻可以成為被廣泛接受的數位資產呢？

　　這是因為坊間的虛擬貨幣都有一間掌握發行權的公司，如果這些虛擬幣可以用於實體交易，該公司就等於擁有「中央銀行」的權力，可以隨意「印鈔票」，而這種情況是不被市場和政府允許的。除非這間公司主動為這種虛擬貨幣提供具有實際價值的擔保，否則不用政府出手限制，市場本身就不會接受。

　　反觀比特幣，它的發行規則在創造之初就寫定在程式碼中。就像黃金一樣，產量固定，且發行全憑個人動手（挖礦），沒有人能藉由增發或修改規則來圖利自己。唯一的差別在於黃金需要實際的空間存放，而比特幣只需要電腦軟體就能儲存。

　　不過隨著比特幣越來越廣為人知，世界各地的加密交易所、政府和上市公司也越來越關注加密貨幣，希望將其列為合法資產並納入監管體系。現在，多數比特幣投資人與持有者其實並非將其視為價值儲藏工具或流通貨幣，而是視為一種透過價格波動獲利的金融資產。這與中本聰一開始希望設立的目標並不相同，也是加密貨幣發展過程中非常值得探討的議題。

比特幣特性 2：區塊鏈的本質，是多人協作的共同帳本

如果我打開手機，給你看我的記帳軟體有 1 億台幣的資產，你可能覺得我在搞笑；但如果我打開銀行帳戶，顯示裡面存著 1 億台幣，那就完全不同了。兩者之間的差異為何？我的私人記帳本可以隨意修改，但銀行帳戶不行。同樣是一行數字，同樣沒有實體鈔票佐證，唯有銀行等具有公信力的機構所提供的帳本資訊，才會被人們認可。

換句話說，一套貨幣系統最重要的並非其中「貨幣」（現鈔）的形式，而是記錄著眾人資產移轉與儲存的「帳本」（ledger，分類帳）的樣貌。因此，比特幣要成為一套可運作的貨幣系統，需要的不是鑄造出真正的硬幣，而是設計出一款能令人們認可的帳本技術。

中本聰設計的區塊鏈就是一套多人協作的「共同帳本」。它並不仰賴某個中心化的第三方維護，而是把所有資產紀錄公開透明地放上網路，並由眾人共同協作維護。把一整條區塊鏈想像成一本帳冊，每一個「區塊」就是帳冊上的一頁。每當網路上有新的比特幣轉帳、交易紀錄，我們就將這些資訊寫入一個新的區塊，銜接在上一個區塊之後，隨著時間推移，這些相連的區塊就形成了所謂的「區塊鏈」。透過人人可參與的「去中心化」模式，只要過半的系統維護者（記帳成員）遵守共識規則，人們就能信任其中的紀錄。換句話說，當我打開比特幣區塊鏈軟體，給你看我的帳戶中有 100 顆比特幣，由於區塊鏈上的紀錄都是眾人共同認可，即使這不是銀行的帳戶，你也能相信我不是在吹牛。任何人都可以去「客戶端」的網站下載「比特幣節點」（full node）軟體，成為維護這個帳本的一份子。每個節點都會擁有一份即時更新的帳本（分散式儲存），記錄著全網比特幣

交易與存款資訊，並且共同維護所有交易活動（分散式管理）。這讓它不需要仰賴金融機構提供信任，從而免除了高額手續費、單點管理風險與其他中心化的問題。

比特幣區塊鏈帳本，含每筆交易的細節，由全世界的礦工共同維護更新，有無數的備份節點，任何人都可以隨時上網查閱。來源：blockchain.com

比特幣特性3：透過礦工「挖礦」維護系統運作

所謂的比特幣「礦工」（Miner），其實就是指運行並維護比特幣節點（run the nodes）的人。每一筆比特幣交易發生時，交易資訊會先被送到各個節點。為了確保系統安全性，這些資訊需先由節點完成一連串數學

運算「解密」後,才能打包並記錄到區塊鏈上,一筆交易才會被認可。中本聰深知,沒有人願意閒著沒事替大家算這些數學(沒錯,就是用顯卡或礦機挖礦的動作),因為這個過程十分費電。因此,比特幣系統設計成會給成功打包區塊的記錄者一些比特幣作為獎勵,以此激勵眾人參與系統維護。越多人參與,權力分散的去中心化模式就更落實。

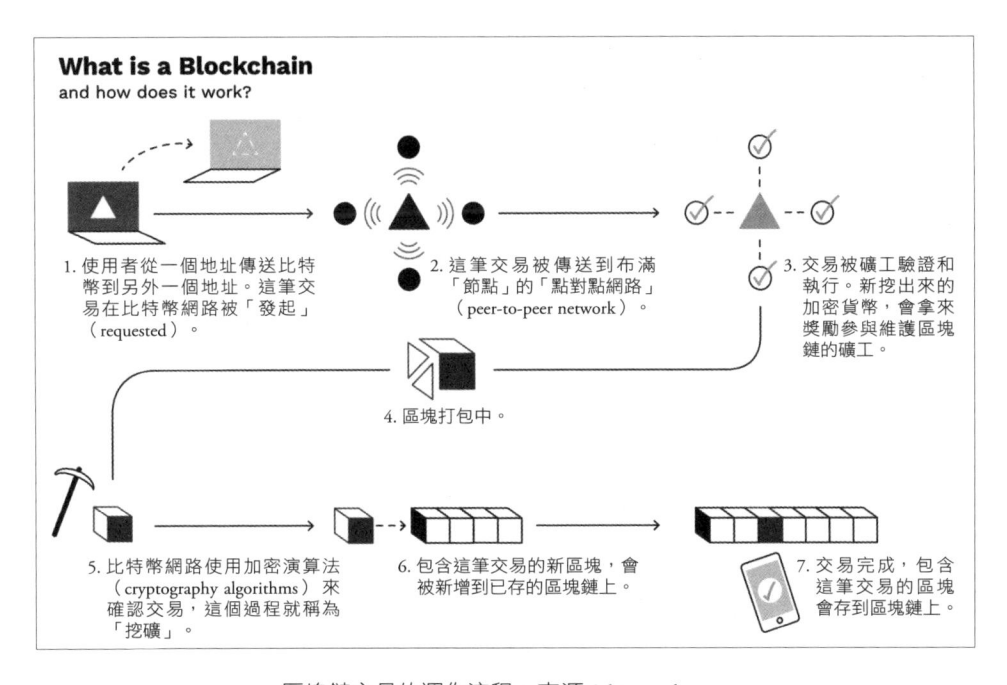

What is a Blockchain
and how does it work?

1. 使用者從一個地址傳送比特幣到另外一個地址。這筆交易在比特幣網路被「發起」(requested)。

2. 這筆交易被傳送到布滿「節點」的「點對點網路」(peer-to-peer network)。

3. 交易被礦工驗證和執行。新挖出來的加密貨幣,會拿來獎勵參與維護區塊鏈的礦工。

4. 區塊打包中。

5. 比特幣網路使用加密演算法(cryptography algorithms)來確認交易,這個過程就稱為「挖礦」。

6. 包含這筆交易的新區塊,會被新增到已存的區塊鏈上。

7. 交易完成,包含這筆交易的區塊會存到區塊鏈上。

區塊鏈交易的運作流程。來源:bitpanda.com

對於這些記錄者而言,他們只需要裝置顯示卡(或是專門的礦機),就能讓電腦軟體去跑節點程式了。這種耗費電力(勞力)以賺取比特幣(數位黃金)的行為,像極了貢獻體力以挖取稀有金屬的模式,因此,維護節點被稱為「挖礦」,維護節點的人被稱為「礦工」,而擺著一堆挖礦中顯卡的倉庫就被稱為「礦場」了。不過在 2025 年的現在,比特幣挖礦已經

是非常競爭的產業，掌握在世界級的企業手中，一般人已經難以從挖礦獲得比特幣了，通常是經由交易所購買比特幣。

比特幣特性 4：產量 4 年減半一次，總量 2,100 萬顆

「物以稀為貴」這個鐵律，即使在作為計價標準的「貨幣」上也適用。就像美國無限 QE（量化寬鬆，相當於印鈔票）會導致美元貶值一樣，任何貨幣一旦大量發行都會使價格受到「通貨膨脹」的影響而貶值。中本聰因為不滿 2008 年金融海嘯後各國政府印錢救市的做法，因此他在比特幣的白皮書中，預先設定了未來的發行規則：每 10 分鐘產生一個區塊；前 4 年每個區塊會產出 50 顆新的比特幣給礦工作為獎勵；之後產出量每 4 年減半一次；發行量上限是 2,100 萬顆。截至 2025 年 5 月，已經挖出的比特幣數量為 1,987 萬顆，超過總產量的 94%，最後一顆比特幣預計將在 2140 年被挖出。

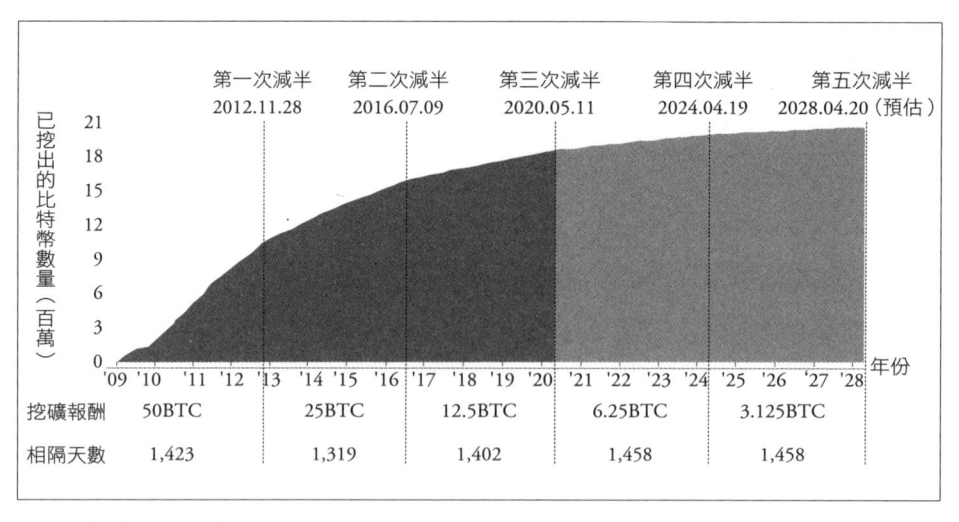

	第一次減半 2012.11.28	第二次減半 2016.07.09	第三次減半 2020.05.11	第四次減半 2024.04.19	第五次減半 2028.04.20（預估）
挖礦報酬	50BTC	25BTC	12.5BTC	6.25BTC	3.125BTC
相隔天數	1,423	1,319	1,402	1,458	1,458

比特幣產量及減半日期，2025 年每區塊獎勵（產量）為 3.125 BTC。來源：Messari

第一次減半：2012 年 11 月 28 日，挖礦獎勵（每建立一個區塊所產生的新比特幣數量）從 50 個比特幣減少到 25 個。

第二次減半：2016 年 7 月 9 日，挖礦獎勵由 25 個減少到 12.5 個。

第三次減半：2020 年 5 月 11 日，挖礦獎勵由 12.5 個減少到 6.25 個。

第四次減半：2024 年 4 月 19 日。挖礦獎勵由 6.25 個減少到 3.125 個。

第五次減半：預計將在 2028 年發生，由目前每個區塊獎勵 3.125 個減到 1.5625 個。這個機制使比特幣作為貨幣的通膨速度逐漸減緩，在 2140 年全部挖完後，會更加具有稀缺性。

正是比特幣這種每 4 年產量減半的特性，讓投資者發現，這個週期對於比特幣價格有很大的影響，我在特性 11 會再說明。

比特幣特性 5：基於密碼學的虛擬貨幣，才能稱為加密貨幣

筆者習慣將比特幣等基於區塊鏈的虛擬貨幣稱為「加密貨幣」（cryptocurrency），因為區塊鏈在確認交易時是以密碼學技術為基礎，例如 SHA-256 加密演算法、非對稱加密、橢圓曲線密碼學……等等，它們對於比特幣的安全運行至關重要，也正是這一點，區分了比特幣與其他未上鏈的數位貨幣和虛擬貨幣的差別。

回顧 2021 年，當時接觸加密貨幣領域的人們仍傾向稱其為「虛擬貨幣」，然而筆者認為正確的名稱能讓大家更了解，因此特別撰寫了上一段文字加以說明。2025 年的現在，隨著立法與監管逐漸明朗，官方中文已經普遍將比特幣與加密貨幣稱為「虛擬通貨」及「數位資產」，而坊間也更加理解加密貨幣與虛擬貨幣的差異，筆者對此感到甚是欣慰。

比特幣特性 6：比特幣存放於「錢包」中

就像我們存到銀行的錢會保管在「帳戶」中，個別的比特幣存放單位稱為「錢包」（bitcoin wallet）。與銀行帳戶的帳號和密碼的概念雷同，當我們在比特幣區塊鏈上「創建錢包」，我們會得到一組「地址與私鑰」。地址，是一段由英文字母和數字組成的字串，可以公開，用來接收別人的轉帳；私鑰（Private Key）則是屬於你自己的，用來確認這個地址的使用權。私鑰經過橢圓曲線密碼學（Elliptic Curve Cryptography）加密之後，會產生公鑰（Public Key），公鑰再經過雜湊函式（Hash Function）的打亂重組，產生了加密幣的「地址」（通常也會轉成 QR 碼）。最重要的是，這個過程是不可逆的，所以擁有地址的人無法推導出私鑰和公鑰，這也是加密貨幣成立的重要原因。值得一提的是，我們也可以在區塊鏈瀏覽器上找到別人地址的歷史紀錄與當前餘額（不必擔心金融隱私，因為地址不會附帶其他個資）。

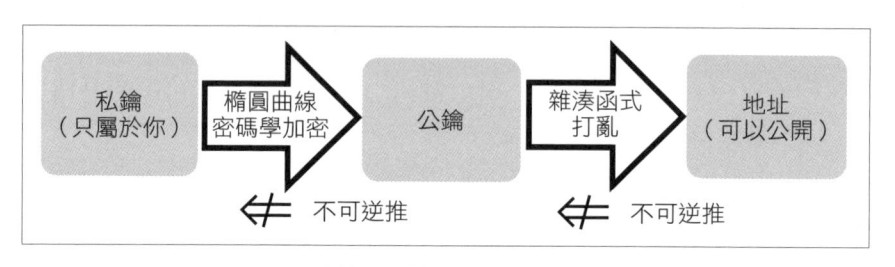

私鑰、公鑰和地址的關係

所有加密錢包都會提供備份的助記詞（mnemonic phrase、recovery phrase、seed phrase），通常是 12 或 24 個單詞，請照順序手寫在紙上（不

要用截圖、拍照或存在雲端，避免外洩）並妥善保存。在電腦和手機遺失或故障時，助記詞可以幫你找回錢包和數位資產。

除了名詞的不同，比特幣地址還有幾個特性需要注意：

1. **比特幣錢包有匿名性**。註冊比特幣錢包不需要身分驗證，讓使用者可以跳過政府和銀行等金融機構的監管。更精確地說，比特幣錢包的地址和資金流向是公開的，但是誰擁有這個錢包，則是追查不到的（術語上稱為「偽匿名性」）。

備份加密錢包的助記詞範例。
來源：newdaycrypto.com

2. **加密貨幣的轉帳限於同一條區塊鏈**。典型的新手錯誤就是在轉帳的時候，將其他區塊鏈上的加密貨幣（如以太幣）打到一個比特幣地址，這會導致轉帳打到虛無空間，可愛的錢錢會一去不回。因此，加密貨幣轉帳前一定要注意接收方的地址有沒有打錯字或是整個鏈選錯。就算都是 USDT（泰達幣），也有 TRC20（TRON 鏈）、ERC20（以太網路鏈）、OMNI 鏈等的分別。關於這一點，筆者會在之後的交易所轉帳章節（本書 132 頁）詳細解釋。

如果你看完這段仍對比特幣錢包、地址、私鑰之間的關係感到困惑，那麼只要這樣理解就可以了：

台幣的運作：去找銀行開「帳戶」，得到用來接收轉帳的「帳號」，和不能告訴別人的「密碼」。

加密貨幣的運作：到提供服務的網站開「錢包」，得到用來接收轉帳的「地址」，和不能告訴別人的「私鑰」。

比特幣特性 7：去中心化

當我們從銀行轉帳給別人時，表面上完全是由自己操作，實際上中間經過了銀行的確認與放行。銀行作為第三方機構，負責託管我們的帳戶與資金，是一種中心化的金融系統。比特幣則是將轉帳資訊直接發到網路上，由眾多礦工各自記錄，是所謂的「去中心化」（decentralization）。

去中心化體現在發行上，法幣由「央行」決定，比特幣則由已經寫好的系統自動運作；體現在持有上，法幣轉帳的最終控制權是「銀行許可」，比特幣則是「用戶私鑰」；體現在管理上，法幣的規則可以由「政府」更改，比特幣的規則需要過半數節點共同響應。

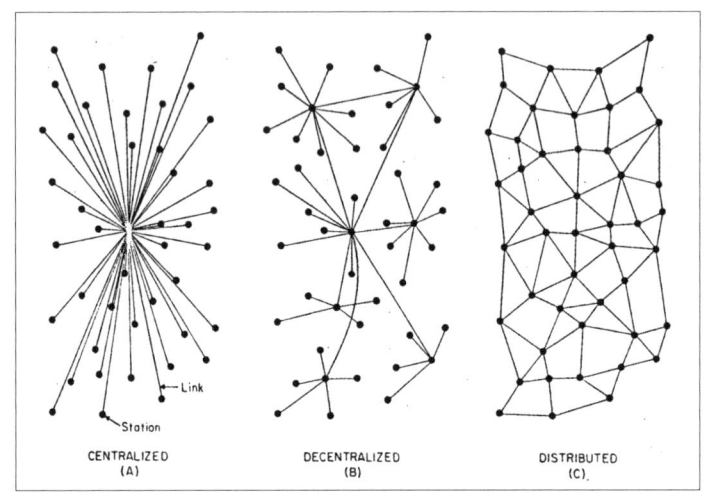

中心化、去中心化和分散式網路的示意圖。
來源：Paul Baran's "On distributed communications networks", 1962.Sep

去中心化是比特幣最重要的特性,它使比特幣擁有許多獨一無二的優勢。其中包含:

1. **抗監管**。任何比特幣的轉移無法受到政府等監管單位控制(看得到,擋不到)。
2. **無須許可**。只要有網路,任何人都可以無條件創建比特幣錢包,下載比特幣客戶端、轉移與儲存比特幣。
3. **抗單點風險**。中心化系統如果主機被駭客攻擊,可能導致資金被竊。由於比特幣網路是共同維護,除非駭客同時攻進 51% 以上的節點,否則無法更改任何資料。

這些特質使比特幣在金融基礎建設不普及的地區成為一種很方便的資產,但也使它成為黑市洗錢、詐騙分子愛用的隱蔽工具,可以說有利有弊。順帶一提,雖然比特幣網路是去中心化的,但是加密貨幣交易所卻是中心化的,仍然存在被攻擊和監管的風險,這也促使了「去中心化交易所」(Decentralized Exchange,DEX)的誕生(關於 DEX,請見本書 2-6)。

比特幣特性 8:礦工費

每當執行一筆比特幣轉帳時,用戶需要支付些微比特幣作為礦工協助記帳的報酬,稱為礦工費(Transaction Fee)或燃料費(Gas Fee)。區塊鏈上的礦工費與轉帳金額無關,轉 100 顆比特幣與轉 1 顆比特幣的花費相同。影響費用多寡的是當時比特幣網路堵塞的程度,如果同一時間有大量比特幣轉移發生,則用戶需要支付更多礦工費,才能更快完成轉帳。

這個協議使比特幣交易更符合「使用者付費」的精神,也避免有心人

士大量傳送垃圾資訊到區塊鏈中，而且也免去了比特幣於 2140 年挖完後沒有礦工願意維護節點的問題。值得注意的是，一般在交易所中買賣比特幣不需要支付礦工費，因為那些幣是屬於託管制的，只有在轉進和轉出不同鏈上帳號或錢包才需要支付費用。

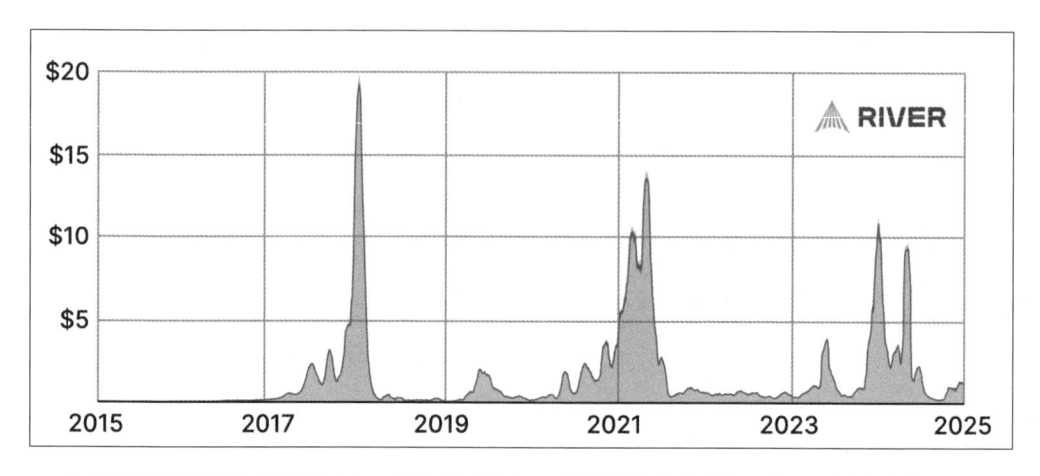

傳送比特幣的礦工費變化圖（30 日每筆平均）。費用通常十分低廉，但遇到比特幣價格暴漲或交易擁擠時會大幅上升。來源：river.com、coinmetrics.io

1-3 比特幣的特性：投資篇

上一個章節介紹了比特幣作為首個有交易價值的加密貨幣與入門必備常識，這個章節要介紹的是比特幣對於投資人而言有哪些不可不知的特點。

比特幣特性 9：比特幣有「基本面」嗎？

由於比特幣背後沒有營利公司為股東賺錢，因此無法以傳統財務指標進行基本面分析。它不屬於傳統資產，缺乏明確的內在價值，因此比特幣是否有基本面、基本面為何，市場尚沒有一個公認的標準。

然而，綜合坊間主流觀點，筆者認為我們至少可以從兩個方面去判斷比特幣的基本面行情：

1. 系統性能

比特幣是一套程式碼，而所有的應用皆仰賴這套程式的順暢運作。舉例而言，比特幣轉帳的速度多快、轉帳的花費多貴、比特幣網路是否足夠安全等等，這些性質可以透過研究比特幣程式碼與節點、用戶使用情況來

分析。

2. 廣泛應用程度

比特幣是一種數位貨幣，而貨幣的價值來自於其可交易和儲蓄的程度。有多少商家願意接受比特幣支付？有多少民眾願意持有比特幣當作存款？比特幣被越多人接受，它就越有價值。2021年9月7日，比特幣正式在中南美洲的薩爾瓦多成為法定貨幣，國民可以用比特幣來繳稅，店家不得拒絕比特幣付款。這是比特幣應用史的一大躍進，可以視為其基本面的提升。2022年11月16日，總統布格磊（Nayib Bukele）更宣布政府將開始每天購買一個比特幣。

補充說明：薩爾瓦多將比特幣列為法定貨幣後，國際貨幣基金組織（IMF）認為比特幣的劇烈波動會對薩爾瓦多的經濟造成不良影響。在2025年初，為了爭取14億美元的IMF貸款，國會決議取消比特幣的官方貨幣地位，不過每天購入一個比特幣的計畫仍會持續進行。

2022年時，杜拜的房地產巨頭「達馬克地產」（DAMAC Properties）宣布，開始接受比特幣和以太幣支付。2025年初，日本的房地產龍頭 Open House Group（東證主板證券代碼：3288）也宣布，開放使用比特幣和以太幣作為買房的付款方式。

2025年3月7日，美國總統川普在白宮的加密貨幣高峰會中簽署了行政命令，兌現選前的承諾，即把之前政府打擊犯罪沒收而來的比特幣（約20萬顆）作為美國的戰略儲備，永不出售。川普甚至在2025年初發行了同名的官方迷因幣「川普幣」（$TRUMP），在加密貨幣市場引發了廣泛關注和討論。

日本上市地產公司 Open House Group 在官網宣布接受 BTC 及 ETH 付款。
來源：global.openhouse-group.com

比特幣特性 10：劇烈波動的市場

比起多數股票和債券市場，比特幣與加密貨幣的漲跌波動可說高得驚人。這主要歸因於比特幣的流動性相對較低，使得「鯨魚」（大戶）的進出往往對於幣價產生顯著的影響。另外，比特幣市場沒有漲停跌停機制，也沒有類似美股「熔斷」等用於因應劇烈行情的措施。再加上比特幣常被視為高投機性質的標的，當一波行情來的時候，許多追漲殺跌的資金與槓桿的影響，也會使其波動更加劇烈。例如 2013 年 4 月 10 日，比特幣價格從約 266 美元暴跌至 54 美元，單日跌幅約 80%。2013 年 11 月 19 日，比特幣價格從約 124 美元飆升至 198 美元，單日漲幅約 60%。其實，這類漲跌幅在加密貨幣的世界裡可以說是司空見慣，每年都會上演。因此，習慣

傳統投資市場的投資人，務必先做好心理準備。

比特幣特性 11：4 年一次的幣價循環

上一個章節提到，比特幣的產量是 2,100 萬顆，這個數量已經寫進規則裡，不會再增加。由於比特幣擁有每 4 年產量減半的特性，投資者發現這個週期對於比特幣的價格有著巨大影響。根據知名交易員布蘭特（Peter Brandt）在 2024 年 2 月 14 日分享的文章，他檢視了過去 4 次的比特幣牛市，發現減半總是發生在牛市週期的中段，而牛市高點則出現在減半隔年的第四季。

簡單來說，只要觀察過去十餘年的幣價走勢，就可以發現比特幣大約每 4 年會有一個高峰與一個低谷，因此人們認為比特幣有所謂的「4 年週期」。這個週期或許與比特幣每 4 年產量減半的機制有關，但並沒有確切

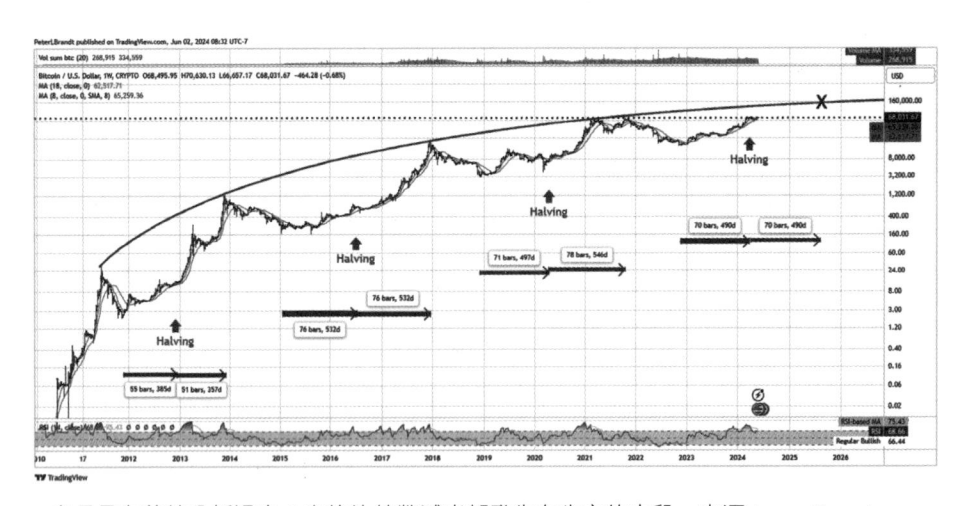

交易員布蘭特分析過去 4 次的比特幣減半都發生在牛市的中段。來源：peterlbrandt.com

的證據，也沒人說得準現在的牛市是否已經結束。畢竟金融界的名言就是「不要看後照鏡開車」，過去的歷史並不代表未來。

比特幣特性 12：普遍偏高的放貸收益

相較於其他貨幣，比特幣與加密貨幣的放貸利率通常高出許多。當傳統銀行的存款利率普遍低於 1% 時，許多加密貨幣管理平台和交易所卻能夠提供 6% 甚至更高的比特幣／加密貨幣放貸收益（通常不稱為「存款」，以避免法規定義上的問題）。原因除了加密貨幣產業近年來高速成長，也與加密貨幣投資人更樂意融資和開槓桿有關。關於放貸和槓桿投資法，請見本書 4-4。

比特幣特性 13：全天 24 小時都可以交易

目前全球有超過 700 間加密貨幣交易所，交易市場全年無休，假日也不例外，全天 24 小時都可以進行交易。好處是喜愛交易的投資人不必在特定時段盯盤，但相對地也讓許多人由於擔心幣價起伏而夜不成眠。

比特幣特性 14：如何預期幣價漲跌？

與其他投資標的相同，加密貨幣的投資也常仰賴技術面、消息面、籌碼面等分析方法，投資人可以在 TradingView 等資訊平台觀看幣價實時波動。多種技術指標如 RSI、布林通道（Bollinger Bands）、MACD 等應有盡

有，股市中的技術理論也多有人用。值得注意的是，比特幣的 K 線顏色與國際股市相同，預設是「綠漲紅跌」（台灣股市是綠跌紅漲），且由於幣價波動劇烈，許多交易員更偏好短週期的時區如 1 小時、4 小時，與台股常見的週線、月線形成強烈對比。

很多時候，當「新聞」消息發布時，幣價漲跌早已反應完畢。不少幣圈投資人擁有自己的特殊消息來源，其中很多人會追蹤幣圈大佬的 X 帳號，因為他們時常在社群媒體上即時發布自己對行情的觀點，或是分享項目重大進展的消息。

由於區塊鏈的資訊完全透明，任何人只要有心，都能追蹤到市場大戶的資金動向（只知道錢包資金動向，不知道個人資料）。舉例而言，名為 Whales Alert 的 X 帳號會偵測幾大主流加密貨幣的「鉅額」轉帳：當它揭露大量比特幣從外部錢包轉入交易所時，被視為大戶可能要「脫手」資金；而當大量比特幣從交易所轉出至外部錢包時，則說明大戶可能「買進」比特幣後決定長期持有。

跟股市一樣，判斷市場行情的技巧多不勝數，以上只是簡單從三個面向進行初步介紹，不構成任何投資建議。（值得推薦的幣圈大佬名單和鏈上資訊追蹤網站，在本書的 2-8 會再詳細介紹。）

比特幣特性 15：萬幣之首

作為歷史最久且市值最大的加密貨幣，比特幣在幣圈有「大餅」、「大哥」等暱稱。儘管比特幣的價值與技術發展可能和其他加密貨幣沒有直接關聯，但大多數時候，比特幣的幣價走勢往往會影響其他加密貨幣。換言

之，當比特幣走強時，通常能帶動整個加密貨幣市場；而當比特幣走弱，其他加密貨幣通常會表現得更疲軟。這主要是因為整個加密貨幣市場仍然屬於比較小眾的利基市場，許多資金的進出趨向一致。就像股市中常說的「先選產業再選公司」，當比特幣的表現強勢時，整個加密貨幣市場也能跟著受益。

1-4
比特幣簡史與價格走勢

	2013	2014	2015	2016	2017	2018	2019	2020	2021	2022	2023	Cumulative return	Annualized return
	BTC 5,516%	SPX 12%	BTC 37%	BTC 119%	BTC 1,300%	AGG 0%	BTC 92%	BTC 302%	BTC 58%	CMT 20%	BTC 156%	BTC 315,678%	BTC 124%
	SPX 26%	AGG 5%	AGG 0%	HY 17%	EM 35%	HY -2%	SPX 29%	Gold 24%	CMT 30%	Gold 1%	SPX 25%	SPX 226%	SPX 13%
	HY 6%	HY 2%	SPX -1%	EM 15%	SPX 18%	Gold -3%	EM 21%	SPX 15%	SPX 29%	HY -11%	HY 12%	HY 64%	HY 5%
	AGG -1%	EM 1%	HY -4%	CMT 14%	Gold 12%	SPX -7%	Gold 18%	EM 14%	HY 5%	AGG -42%	Gold 12%	EM 35%	EM 3%
	EM -3%	Gold -3%	Gold -11%	SPX 11%	HY 7%	CMT -9%	HY 14%	AGG 7%	EM 0%	EM -18%	EM 9%	Gold 18%	Gold 2%
	CMT -0%	CMT -18%	EM -14%	Gold 7%	CMT 6%	EM -15%	CMT 10%	HY 7%	AGG -1%	SPX -20%	AGG 5%	AGG 17%	AGG 2%
	Gold -29%	BTC -58%	CMT -25%	AGG 2%	AGG 3%	BTC -73%	AGG 8%	CMT -3%	Gold -6%	BTC -65%	CMT -2%	CMT -4%	CMT 0%

比特幣過去 10 年的表現輾壓傳統資產。來源：BlackRock

2024 年 4 月 6 日，管理超過 10 兆美金的全球資產管理龍頭貝萊德（BlackRock）在自家比特幣 ETF（NASDAQ：IBIT）上市前，發布了一篇研究報告，名為〈聚焦比特幣現貨 ETFs：進入新時代〉（Spotlight on spot bitcoin ETFs: a new era of access）。這篇報告列出了過去 10 年（2013-2023）比特幣與

其他傳統資產的表現，比較的對象包含 SPX（S&P500 指數）、AGG（iShares 美國核心綜合債券 ETF）、EM（道瓊新興市場指數）、HY（標普美國高收益精選企業債券指數）、CMT（道瓊商品指數）和 GOLD（黃金）。結果顯示，比特幣在其中 7 年大幅領先其他資產，平均年化報酬率高達 124%。補充說明：2024 年比特幣全年漲幅 125%，仍然表現超群，這也是為何貝萊德會建議投資人至少投入 2% 的資產於比特幣之上。2025 年 5 月，IBIT 在上市後只花了 341 天就達到 700 億美金的規模，達成速度比世界最大的黃金 ETF（GLD）快了 5 倍（1,691 天），也成為貝萊德旗下最賺錢的 ETF。

接下來，讓我們回顧剛過 16 歲生日並於 2025 年 5 月一度突破 11 萬美金的比特幣，在過去這 16 年間經歷的重要事件，以及它們對其價值所帶來的影響。

2009 年，比特幣的誕生

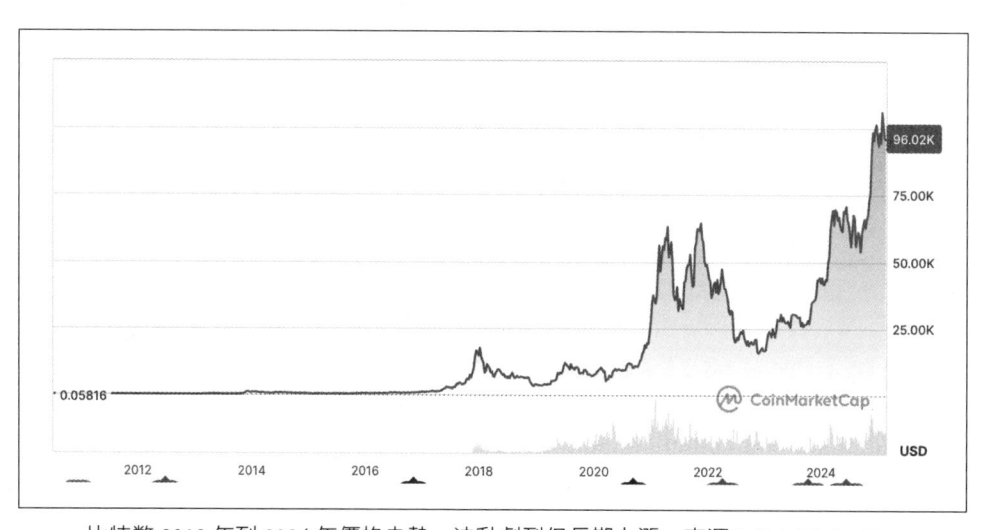

比特幣 2012 年到 2024 年價格走勢，波動劇烈但長期上漲。來源：CoinMarketCap

2009 年 1 月 3 日：今天是比特幣的生日。雖然中本聰於 2008 年 11 月 1 日發表比特幣白皮書〈比特幣，點對點的電子金錢系統〉，但比特幣的生日是「創世區塊」（Genesis Block）出現的當天，即 2009 年 1 月 3 日下午 6 點 15 分，出生地是芬蘭首都赫爾辛基的一台伺服器。9 天後的 1 月 12 日，中本聰發送了 10 個比特幣給密碼學專家哈爾‧芬尼，這是首宗比特幣的傳送。

中本聰於創世區塊上鑲嵌了當天《泰晤士報》的標題「The Times 03/Jan/2009，財政大臣處於第二次銀行紓困的邊緣」表達對於傳統金融的不滿

2010 年比特幣首次出現價格：0.0025 美元

2010 年 5 月 22 日：史上首次有人用比特幣交易實物。美國佛羅里達的工程師拉斯洛（Laszlo Hanyecz）在這天向網友 Jercos 花了 1 萬個比特幣買了兩個大比薩。當時兩個大比薩價值約 25 美元，所以換算下來，比特幣的單價約為 0.0025 美元。為了紀念首次的比特幣交易與實際價格，後來的比特幣愛好者們每年都會在這天訂披薩來慶祝，並將它稱為「比特幣披薩日」（Bitcoin Pizza Day）。

2010 年 12 月 12 日：中本聰失蹤。由於有網友號召捐贈比特幣以支援捲入美國政府洩密案的「維基解密」（WikiLeaks），據傳比特幣發明者中本聰為了避免成為美國政府的目標，從此不在比特幣論壇發表言論，至今依然去向不明，也無人得知他的真正身分。根據資料顯示，他擁有的比特幣約在 96.8 萬到 110 萬顆之間，換算成 2024 年底的幣價（以 10 萬美元計算），約為 1,000 億美元，相當於 2025 年初富比士（Forbes）世界富豪的前二十名，但失蹤後的他卻從來沒有移動過任何名下的比特幣資產。

2011 年比特幣價格：0.3～32 美元

2011 年 2 月：美國大學生羅斯·烏布利希（Ross Ulbricht）在暗網上成立了「絲綢之路」（Silk Road），號稱暗黑版的亞馬遜電商，網站只能透過難以追蹤 IP 的洋蔥瀏覽器（Tor）進入，主要使用比特幣作為交易貨幣。

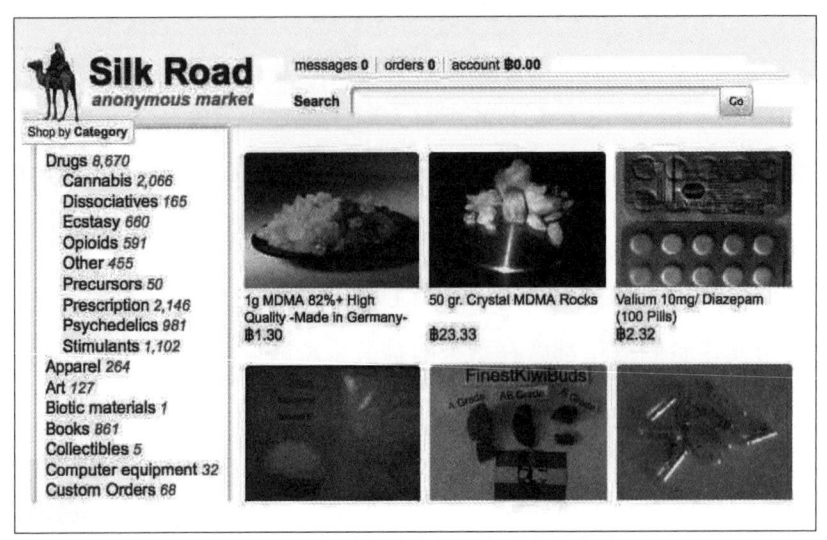

將毒品以比特幣計價的暗網電商「絲綢之路」

2011 年 2 月：比特幣首次突破 1 美元。

2012 年比特幣價格：5 ～ 14 美元

2012 年 11 月 28 日：比特幣的第一次挖礦報酬減半。根據比特幣協議，產量每 4 年就會減半一次，意即礦工每次打包一個區塊的開採獎勵降為原來的一半。首次減半是從每區塊 50 個比特幣降為 25 個比特幣。

2013 年比特幣價格：20 ～ 1,200 美元

2013 年 10 月 3 日：FBI 破獲暗網「絲綢之路」，導致其主要貨幣比特幣當天大跌 15%。絲路創辦人烏布利希被判處無期徒刑。2014 年，絲

路當年遭到沒收的 14.4 萬顆比特幣被美國警方以 334 美元的單價拍賣（矽谷傳奇投資人 Tim Draper 買下其中 3 萬顆）。2025 年 1 月 21 日，美國總統川普宣布無條件赦免烏布利希。

2013 年 11 月 3 日：比特幣價格首次超越一盎司黃金（1,043 美元）。

2014 年比特幣價格：953 ～ 320 美元

2014 年 2 月 28 日：當時全球最大的交易所 Mt. Gox（暱稱「門頭溝交易所」）向東京地方法院聲請破產保護。Mt. Gox 宣稱遭到駭客入侵，超過 85 萬個比特幣下落不明，約占當時總流通量的 6%，損失高達 4.7 億美元，造成比特幣價格崩跌。歷經漫長的司法程序後，2021 年 10 月的債權人會議通過了以「90% 比特幣持有數」為基礎的賠償方案。2023 到 2024 年間，約 14 萬顆比特幣陸續賠付給債權人。有趣的是，經歷如此長時間的「被動鎖倉」，比特幣已經從破產當天的單價 450 美金成長到如今的 10 萬美金左右。每次傳出新一波的 Mt. Gox 賠付計畫，都會引發市場對於大量拋售的恐慌情緒，然而比特幣的價格長期來看仍然持續上漲。

2015 年比特幣價格：178 ～ 462 美元

2015 年 1 月 4 日：全球第二大交易所 Bitstamp 被駭客攻擊，損失達到 1.9 萬顆比特幣。

2015 年 10 月：《經濟學人》雜誌封面標題為「信任機制：比特幣背後的科技如何改變世界」。

2016 年比特幣價格：364～963 美元

2016 年 4 月：全球最大的數位遊戲發行平台 Steam 接受消費者以比特幣購買影音遊戲。

2016 年 7 月 10 日：比特幣的第二次挖礦報酬減半，區塊獎勵降為 12.5 個比特幣。

2016 年 8 月：知名交易所 Bitfinex 遭駭客入侵，導致超過 11.9 萬顆比特幣遭竊。

2017 年比特幣價格：973～19,798 美元

2017 年 7 月 5 日：南韓最大交易所 Bithumb 公告，有 3 萬名用戶資訊和比特幣遭駭客竊取，損失金額高達數十億韓元。

2017 年 8 月 1 日：比特幣經歷首次硬分叉（Hard Fork，意即創建一個全新的區塊鏈，從分叉點起，兩條鏈各自獨立運行，且後續的區塊和交易不再共用），誕生出「比特幣現金」（Bitcoin Cash，BCH）。

2017 年 8 月 11 日：舊金山 Coinbase 交易所估值達 16 億美元，榮升第一間獨角獸等級（估值超過 10 億美元）的加密貨幣新創公司。

2017 年 9 月 1 日：中國人民銀行將首次代幣發行（Initial Coin Offering，ICO）定調為「非法金融活動」，禁止 ICO 和境內的加密貨幣交易。此舉造成比特幣近半個月的暴跌，也讓許多原本設立在中國境內的交易所轉進海外。

2017 年 12 月 7 日：跨國遊戲平台 Steam 宣布，因為比特幣交易手續

費高漲（舉例來說，一筆交易手續費從 0.2 美元暴漲到將近 20 美元），所以不再接受比特幣付款。

2018 年比特幣價格：16,913 ～ 3,551 美元

2018 年 1 月 19 日：日本 Coincheck 交易所被盜走 5.34 億個新經幣（XEM），價值約達 4.2 億美元，XEM 當天也因此下跌 9.8%。

2018 年 12 月 26 日：根據 ICObench 發表的〈2018 年 ICO 市場分析〉報告，2018 年 ICO 市場約有 2,500 多個專案，總融資達 116 億美元，但成功率不足 3 成。

2019 年比特幣價格：3,313 ～ 13,000 美元

2019 年 4 月 25 日：美國紐約州司法部指控 Bitfinex 母公司 iFinex，從關係公司 Tether 的數位貨幣 USDT 庫存中非法挪用了 8.5 億美元以彌補損失，且在過程中沒有提供足額的美元擔保。

2019 年 5 月 7 日：世界最大交易所幣安（Binance）被駭客入侵熱錢包，竊走了 7,074 顆比特幣（時值約 4,000 萬美金）。事後幣安全額賠償了客戶一切損失，並加強對 API 金鑰與 2FA 驗證的管理。

2019 年 7 月 12 日：日本加密貨幣交易所幣寶（BitPoint）宣布遭駭客入侵熱錢包，上千顆比特幣等加密資產失竊，損失高達 35 億日圓（其中 20 億是用戶資產）。幣寶在台灣設立的分公司也因此暫停服務，用戶不僅無法進行交易，連台幣帳戶資金也無法提領。

2020 年比特幣價格：5,200 ～ 29,000 美元

2020 年 3 月 12 日：全球金融市場受到突發的新冠疫情爆發影響，股市暴跌，加密貨幣也未能倖免。當天，比特幣經歷了史詩級的暴跌，數小時內從 8,000 美元一路跌至 3,800 美元。短短 24 小時內，約 10 萬名槓桿合約交易者的保證金被清算歸零，這是令許多投資者難以忘懷的「幣圈 312 慘案」。

2020 年 5 月 11 日：比特幣第三次挖礦獎勵減半，區塊獎勵降至 6.25 個比特幣。減半通常會被認為是加密貨幣市場的利多因素。

2020 年 10 月 21 日：電子支付巨頭 PayPal 宣布用戶能夠直接在 PayPal 帳戶中買賣及持有加密貨幣，並允許用戶使用加密貨幣在全球 2,600 萬家商家進行購物。

2021 年比特幣價格：28,805 ～ 69,044 美元

2021 年 2 月 8 日：電動車廠特斯拉（Tesla）宣布買進 15 億美元的比特幣，並在一個月後宣布客戶可以用比特幣買車（但同年 5 月又發文表示基於環保理由，暫緩此計畫）。新聞發布後比特幣價格暴漲約 20%。

2021 年 4 月 13 日：美國交易量最大的加密貨幣交易所 Coinbase 在那斯達克交易所（Nasdaq）掛牌上市，成為加密貨幣產業中首家在美國公開上市的公司。

2021 年 5 月 19 日：中國人民銀行宣布禁止境內金融機構提供加密貨幣相關交易服務，消息一出，導致比特幣 24 小時內暴跌 13%，市值一度

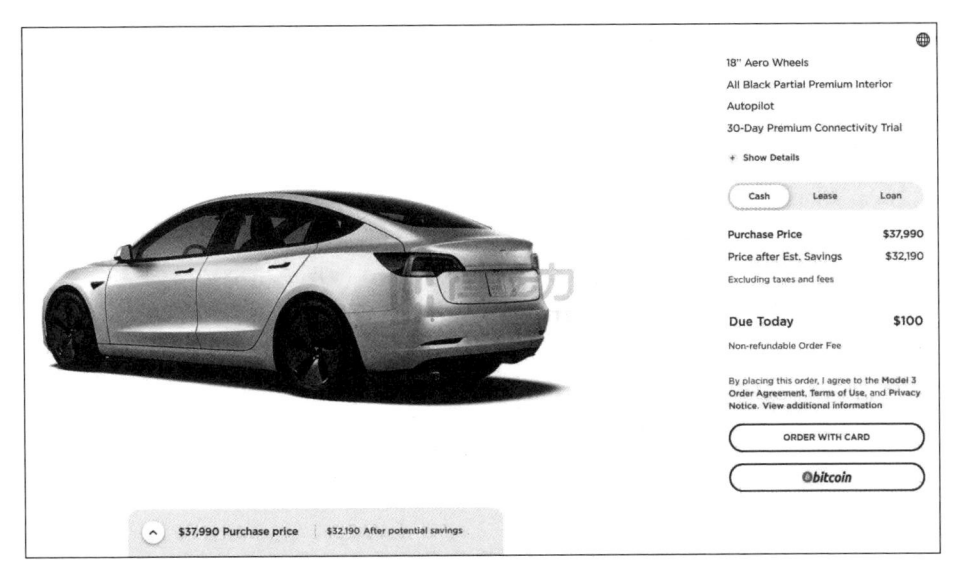

2021 年特斯拉官網曾短暫開放使用比特幣購車

蒸發 2,800 億美元。

2021 年 6 月 9 日：比特幣首度成為一個國家的法定貨幣。中美洲國家薩爾瓦多（El Salvador）國會通過「比特幣法案」，使比特幣和當地的法定貨幣美元一樣，可以作為商品定價，並用來支付政府的稅收。

2021 年 9 月 17 日：繼薩爾瓦多之後，古巴央行也決議承認比特幣為合法支付與投資工具，比特幣和其他加密貨幣可以用於古巴的商業交易和投資。

2021 年 10 月：受 Netflix 熱門影集《魷魚遊戲》啟發的 SQUID（魷魚幣）在上市後暴漲數萬倍，隨後卻慘遭項目方「抽地毯」(rug pull，即捲款潛逃)，幣值瞬間崩盤，投資人蒙受重大損失。

2022 年比特幣價格：47,826～15,476 美元

2022 年 4 月 27 日：位於非洲中部的內陸國家，擁有 500 萬人口的中非共和國（Central African Republic）宣布將比特幣列為官方貨幣。

2022 年 5 月 10 日：Terra 生態的原生算法穩定幣 UST 因資本狙擊和債務危機導致與美元脫鉤，最低跌至 0.6 美元。在那之前 Terra 的原生代幣 LUNA 市值高達 400 億美金，是排名第八大的加密幣。這次脫鉤導致 UST 和 LUNA 的價值幾乎歸零，同時導致 Terra 生態的眾多加密貨幣項目和企業面臨重大損失。許多加密貨幣投資人也因為聽信了「在借貸平台 Anchor 上存入 UST，就能獲得 20% 年化報酬率」的說法而飽受損失。

2022 年 11 月：時為世界第二大的交易所 FTX 發行的代幣 FTT 爆發了流動性危機，並被指控挪用用戶資產。此事件引發大規模擠兌，導致數百萬人的資產被卡在平台無法提領。不僅如此，更牽連了與其緊密連結的幣圈生態系，包括 Solana 區塊鏈、Alameda Research 量化交易公司和 BlockFi 資產管理平台。

2022 年 11 月 12 日，FTX 申請破產重組，市值 320 億美金的加密帝國在短短 10 天內灰飛煙滅。12 月 12 日，創辦人 SBF 因金融犯罪被巴哈馬當局逮捕。FTX 倒閉後，約有 100 萬名債權人和超過百億美元的債務，其中台灣用戶數占了 FTX 的 3% 左右。許多人稱之為加密貨幣界最黑暗的「雷曼時刻」。

2023 年比特幣價格：16,521～44,705 美元

2023 年 8 月 15 日：第一檔現貨比特幣 ETF 在歐洲上市，投資者可透過傳統證券交易所購買，降低一般投資人買賣的門檻。

2023 年 9 月 21 日：香港加密貨幣交易所 JPEX 因用戶無法出金，有超過 2,000 人向警方報案，涉及吸金 1.66 億美元。JPEX 過去曾在香港和台灣大量投放實體廣告，並找來名人網紅代言。

2023 年 11 月 23 日：幣安及其創辦人趙長鵬（CZ）坦承違反美國反洗錢法，包含未申報近 9 億美金的恐怖組織交易。幣安同意支付 43 億美元罰款，CZ 個人則需支付 5 千萬美金罰款，並請辭下台。不過 CZ 表示，在這場縝密的調查之後，當局證實「幣安從未被指控挪用用戶資金或參與市場操縱」。2024 年 5 月，趙長鵬被判處入獄監禁 4 個月。

2024 年比特幣價格：106,074～42,280 美元

2024 年 1 月 4 日：曾為台灣前三大的「ACE 王牌交易所」負責人被踢爆涉嫌在明知 MOCT 幣、CSO 幣、FITC 幣、NFTC 幣及 BNAT 幣等代幣毫無應用價值的情況下，仍編寫不實白皮書，將它們在兩家交易所（ACE、ProEx）上架，吸金近 8 億元。

2024 年 1 月 10 日：美國證券交易委員會（SEC）宣布批准 11 檔比特幣 ETF 上市，帶動比特幣創造出 4.2 萬美元高點。

2024 年 3 月：FTX 創辦人 SBF 被判處 25 年刑期和罰款 110 億美元。根據 FTX 的還款計畫，絕大多數用戶除了獲得美元計價的還款，還能額

外獲得約 9% 的年化利息。不過當時持有比特幣的用戶還是損失慘重，因為 2022 年 FTX 破產時比特幣僅約 1.7 萬多美金，而 2024 年 3 月卻一度衝上新高 7.3 萬美金。

2024 年 5 月 23 日：繼比特幣現貨 ETF 上市，SEC 也批准了貝萊德（BlackRock）、富達（Fidelity）和灰度（Grayscale）等多家機構推出的以太幣現貨 ETF。

2024 年 6 月 4 日：全球 34 檔比特幣 ETF 共持有 102 萬顆比特幣，約占比特幣總量的 5%。

2024 年 6 月 9 日：成立於 2017 年，長踞世界第一大的幣安交易所全球用戶數突破 2 億，而從 1 億用戶數到 2 億用戶數，幣安僅用時 2 年。在 2024 年底，幣安用戶更是突破了 2.4 億人。

2024 年 11 月 6 日：選前喊出要將比特幣納入美國戰略儲備並放鬆加密貨幣監管的川普正式當選美國總統。比特幣連漲 7 週，觸及 10.6 萬美元歷史高點，漲幅逾 45%。

2024 年 12 月 10 日：比特幣跌回 9.4 萬美元，導致 24 小時內約有 59 萬人爆倉，金額高達 17 億美元，堪稱「1210 幣圈災難日」，規模超過 2020 年「312 慘案」的 10 萬人爆倉。

2024 年 12 月 23 日：瘋狂收購比特幣的美股上市公司「微策略」（MicroStrategy，美股代號：MSTR）正式被納入那斯達克 100 指數，排名第四十。Invesco 那斯達克 100 指數 ETF（QQQ）是一檔廣受全球投資人和機構歡迎的 ETF，規模高達 3,258 億美元。這意味著有投資 QQQ 的美國退休基金和共同基金（也可以說是所有的美國人）都間接持有了比特幣。

2025 年比特幣價格：74,000 ～ 111,893 美元

2025 年 2 月 21 日：全球前三大交易所 Bybit 遭駭客入侵，約 40 萬個以太幣及其質押代幣被竊，總值高達 14.6 億美元，是史上最高額的加密貨幣竊案。事後調查證實，這起危機是由北韓駭客拉撒路集團（Lazarus Group）入侵開發人員的設備而造成。所幸 Bybit 交易所獲得同業貸款度過了此次危機，並沒有造成客戶的損失。

2025 年 3 月 7 日：川普總統宣布已簽署行政命令，建立美國的「比特幣戰略儲備」，儲備幣種涵蓋 BTC、ETH、XRP、SOL 和 ADA。川普指出，美國政府近年來拍賣了超過萬顆比特幣，這個「愚蠢的行為」讓美國損失了數十億美元，今後政府將遵守比特幣投資者的潛規則「永遠不要賣掉你的比特幣」。目前美國政府持有約 20 萬顆比特幣，大部分都是執行打擊犯罪行動所沒收而來的。

2025 年 5 月 13 日：美國最大加密貨幣交易所 Coinbase 入選標普 500 指數成分股。這是首次有加密貨幣企業被納入這個傳統金融世界最具指標性的指數。

1-5
「虛擬」貨幣的價值來源

比特幣自問世以來,就常被貼上純投機炒作、沒有實際內在價值的標籤。持如此觀點者也不乏知名基金經理人與經濟學家。那麼,虛擬貨幣到底有沒有真實價值?它真的只是一場集體炒作嗎?

為何比特幣是「數位黃金」?解析「價值儲藏」的功能

要定義比特幣的價值,最簡單的方式就是拿它和目前已經存在的可交易財貨比較。過去,比特幣沒有政府的背書,因此法幣不是類比對象;它沒有公司能創造產值與營收,因此股票也不是類比對象;它更不是債券、房產或其他具有生產力的動產。那麼,現實世界是否真的沒有可以跟虛擬貨幣類比的資產呢?

有的,那就是黃金。黃金(與其他貴金屬)雖然在工業和珠寶業有實際應用需求,但其市場價格卻遠遠超過了這些應用價值本身。這是因為黃金擁有另一個更重要的功能——價值儲藏。當股市慘淡、市場衰退時,我們會發現金價上漲,就是這個道理。當人們擔心自己辛苦賺來的錢投資到

具有生產力的市場反而虧損時，往往會傾向買進可以「保值」的貴金屬。這個保值的作用，就是黃金一盎司能賣到近 3,000 美元（2025 年 1 月價格）的原因。

黃金在歷史上一直被視為價值儲藏工具，主要是因為它同時具備以下特性：1. 稀缺性；2. 不易衰敗；3. 沒人擁有發行權（去中心化）；4. 多數人認可。這四大屬性，讓黃金成為歷久不衰的價值儲藏工具。即使你對黃金項鍊沒有興趣，恐怕也不會排斥在阿嬤的床底下發現金條吧！

比特幣特性與黃金相同之處

巧合的是，比特幣正好符合這些屬性。首先，黃金只能從地球上挖掘，且越挖越少，挖完就沒了；比特幣只能透過礦工打包區塊來生產，且每 4 年減半一次，越挖越少，西元 2140 年挖完就沒了。再來，黃金是惰性金屬，放一千年也不會衰敗。比特幣是存在於區塊鏈上的一串數字代碼，虛擬資產的性質使其更不可能衰敗。最後，黃金難以透過化學實驗自行生產，這使其不可能由個人或企業大量生產而導致貶值；而比特幣更是如此，即使有人設計出其他加密貨幣，也不可能印出「假比特幣」來圖利自己。當代投資性商品中，唯一符合這些屬性的比特幣，也就因此被人們稱為「數位黃金」了。

根據 2025 年 River.com 的報告，美金在 2015 年之後每年平均增發 6.8%，黃金在 1800 年之後每年的產量增加 2% 到 3%。而比特幣的產量在 2024 年減半後年增產量為 0.85%，之後每 4 年產量減半，直到 2140 年就不再有新的比特幣產出。

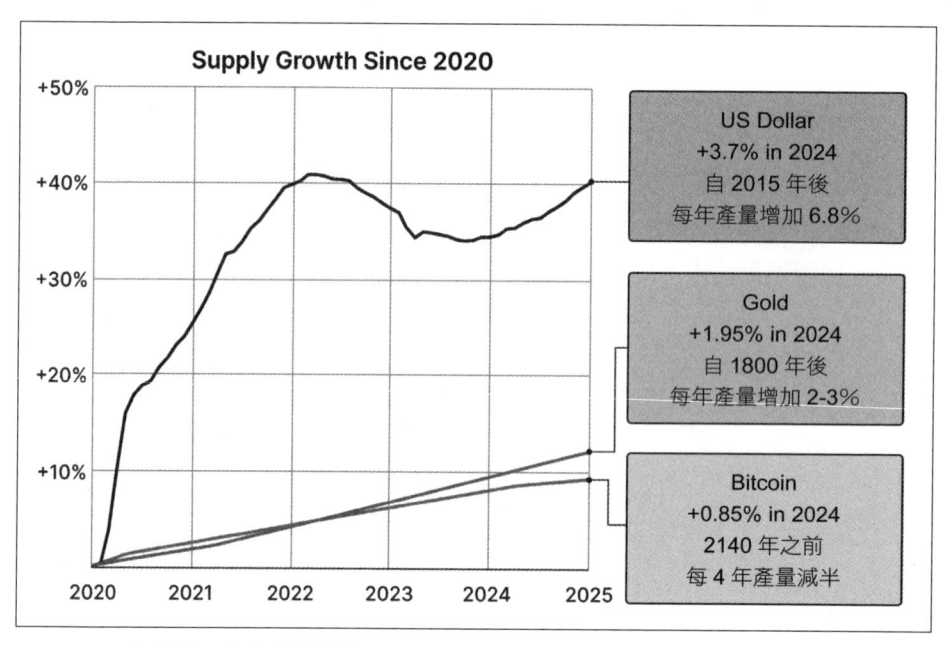

2020-2025 年美金、黃金和比特幣的產量供給增長，比特幣年增幅最低，且會持續每 4 年減半。來源：river.com

　　比特幣雖然是由人類發明，卻實現了如同上帝創造黃金般的去中心化特性，因此有了「黃金是上帝的錢，比特幣是人民的錢」一說。這也帶我們來到第四點，即「多數人的認可」。黃金之所以毫無疑問的具有避險資產地位，一大原因正是它悠久的歷史。千年來，無論是宗教、藝術或裝飾需求，人們已經習慣將黃金視為貴重金屬，並進一步視作價值儲藏工具。黃金派的支持者表示，除非比特幣能歷時千年不消亡，否則黃金的地位不會輕易被比特幣撼動。不過，這種說法似乎在過去 10 年來不斷被「挑戰」。就像網路、科技業在過去 10 年的急速發展，比特幣也從乏人問津迅速發展成最膾炙人口的投資標的。如果說比特幣是越多人認同，越能體現其價值，那麼在這個華爾街與矽谷巨頭逐漸採用、整合區塊鏈技術的今天，是

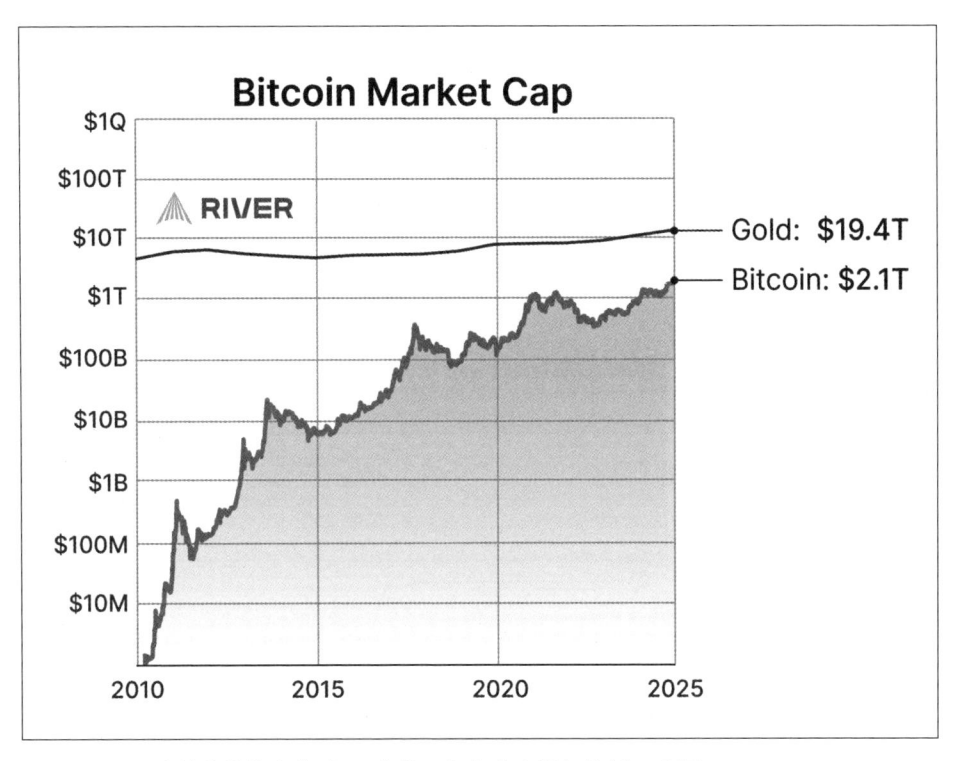

否意味著它正在以最快的速度追趕黃金避險資產的地位？

```
                    Bitcoin Market Cap
$1Q
$100T
              ▲ RIVER
$10T                                              Gold: $19.4T
$1T                                               Bitcoin: $2.1T
$100B
$10B
$1B
$100M
$10M
        2010        2015        2020        2025
```

比特幣的總市值（2.1 兆美元）與黃金逐年拉近。來源：river.com

為何比特幣是「更好的錢」？貨幣的「支付」與「保值」功能

比特幣若要成為新的世界貨幣，最常受到質疑的一點就是「價格波動太大」，很難成為理想的支付工具。這點確實難以反駁。然而，撇開支付功能不談（有其他更適合拿來支付的加密貨幣，例如美元穩定幣 USDT），比特幣擁有一個現代法幣無法取代的優點，那就是不會受到各

國政府無限制增發法幣所帶來的通膨稀釋,即貨幣本身的「價值穩定性」。而這正是中本聰在創世區塊裡嵌入這段訊息的用意:2009年1月3日泰晤士報,財政大臣處於第二次銀行紓困的邊緣(The Times 03/Jan/2009 Chancellor on brink of second bailout for banks)。

2008年金融海嘯後,各國政府為了挽救崩壞的銀行體系,事實上就是不斷地增發法幣,導致人民持有的貨幣不斷地貶值。從西元1900年至今這100多年來,不管是美金、英鎊、日幣,相對於黃金的價值都貶值了99%以上,這意味著持有法幣就等於讓自己的資產不斷縮水,但是比特幣自誕生以來的這16年內,漲幅甚至遠遠超越了黃金。

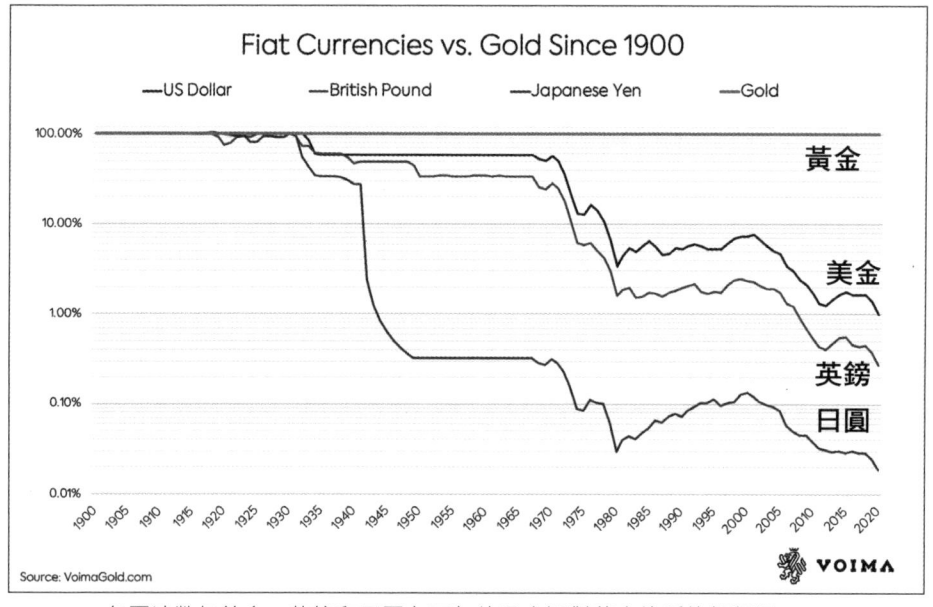

各國法幣如美金、英鎊和日圓在百年的尺度裡對黃金的貶值都超過99%

如同幣安的創辦人趙長鵬(CZ)在2024年12月5日比特幣首次突破10萬美元大關時的X推文所說:「他們說:恭喜!你在比特幣上賺了

很多錢，對吧？」「我說：不，不是這樣。我擁有的比特幣數量是一樣的。只是其他東西相對於比特幣都變便宜了。」這就是比特幣可以被視為「更好的錢」的優勢，即「無法被稀釋的資產」。

CZ 推文：其他東西相對於比特幣都變便宜了

最後，附上一段在網路瘋傳、用來描述比特幣使用族群的文字：「2010 年，沒人在用比特幣。2011 年，只有電腦宅男在用。2013 年，只有毒販在用。2014 年，只有洗錢的人在用。2017 年，只有賭徒會用。2019 年，只有一小部分的人在用。2020 年，只有小公司在用。2021 年，只有小國家會用比特幣。」

到了 2025 年的現在，使用比特幣或其他加密貨幣來買車買房（杜拜和日本都有上市公司接受以加密貨幣付款），已經不是夢了。使用綁定加密貨幣信用卡進行日常消費，甚至使用支援加密貨幣的信用卡在全球 ATM 提領當地法幣也是很多幣圈人的日常。讀者諸君是否也跟我一樣，

對於比特幣的未來應用有更多的想像呢？

各種功能型區塊鏈和加密貨幣產業興起

比特幣於 2009 年問世，區塊鏈也首度出現在世人面前。然而，比特幣的區塊鏈僅僅是一種分散式儲存的帳本技術，無法廣泛應用於各種領域。直到 2015 年以太坊區塊鏈（Ethereum）出現後，加密貨幣產業才真正開始蓬勃發展。

以太坊突破以往區塊鏈只是用來記帳的技術，開創了可編程區塊鏈的先河。簡單來說，如果將比特幣的區塊鏈視為是一個無須許可、人人可記錄的記帳系統，以太坊區塊鏈就是一個無須許可、人人可布署 App 的作業系統（區塊鏈上的 App 稱為 DApp，去中心化應用程式）。由於以太坊也和比特幣程式碼一樣是完全開源（open source），後續許多開發者紛紛效法以太坊區塊鏈的構築，甚至直接選擇在以太坊鏈上建造 DApp。此後，各式區塊鏈應用遍地開花，區塊鏈 2.0 時代正式到來。記錄資訊的帳本不再是區塊鏈唯一功能，而比特幣的去中心化理念將持續傳承。

Layer	功能	例子
Layer 0	提供跨鏈通訊、區塊鏈基礎設施	Polkadot, Cosmos
Layer 1	主鏈，負責交易驗證與安全性	Bitcoin, Ethereum, Solana
Layer 2	擴容方案，減少主鏈負擔	Lightning Network, Arbitrum, Optimism
Layer 3	應用層，去中心化應用（DApps）	Uniswap, Aave, Opensea

主打不同功能的區塊鏈 Layer 互相配合，可擴展並有效降低交易成本

華爾街的態度轉變,「如果無法擊敗,那就加入它」

幣圈有句話是這麼說的:「銀行為華爾街服務,加密貨幣為所有人服務。」(The banks serve Wall Street, crypto serves all streets.)比特幣最初的目標是提供人們一種更好的貨幣,其去中心化的設計讓人們可以不再需要仰賴傳統金融機構來管理財產,無須將財產和個資暴露給銀行,也不必再支付高昂的手續費與託管費,甚至避免銀行倒閉的風險。對於這樣的資產,銀行和華爾街當然第一個跳出來反對。因此,從比特幣問世至今,傳統金融界總是不乏反對聲浪。

然而,隨著時間過去,比特幣幣價雖然在每次牛熊轉換時都會有劇烈波動,長期逐漸上漲卻是不爭的事實,再加上各種區塊鏈項目的發展與實際應用,許多資產管理公司一改先前反對的態度,從抨擊比特幣是一場騙局,轉而認可比特幣是一種分散風險的投資標的;從比特幣終究會歸零,到全球最大資產公司貝萊德建議投資人將 1% 到 2% 的資產配置於比特幣。截至 2025 年初,全世界已經有十幾檔比特幣 ETF 和以太幣 ETF 可供傳統投資者選擇。

根據「網路效應」(network effect)的定義,一個產品或服務的價值會隨著使用人數的增加而提升,例如傳統的電話或是現今的社群軟體。2024 年 5 月,新加坡的數位支付公司 Triple A 發布了〈全球加密貨幣所有權狀況〉(The State of Global Cryptocurrency Ownership in 2024)報告,指出全球持有加密貨幣的人數已達到 5.62 億人,占總人口的 6.8%,較 2023 年的 4.2 億人增加了 34%。這就表示認同並使用比特幣的人越多,比特幣就會越有價值。

1-6
回應：對比特幣的30個質疑與擔憂

關於比特幣的討論，總是在兩個極端之間擺盪：支持者認為它是「數位黃金」、未來金融的核心；反對者則批評它是騙局，是洗錢與犯罪的工具。這樣的對立導致雙方無法好好溝通，更遑論能彼此交換觀點。然而，我們真正需要的是理性的討論。這個章節，我會試著回覆30個最常見的比特幣疑問，逐一剖析其中的真相與誤解，帶領各位讀者深入探索這個充滿話題性的數位資產領域。

1. 比特幣沒有內涵價值？

許多人質疑比特幣是否真的有「內涵價值」，但這往往牽涉到內涵價值的定義。一般來說，內涵價值指的是實體商品的具體用途，或像黃金一樣具備稀缺性。比特幣是純數位資產，不像黃金那樣看得見摸得著，但它的稀缺性、耐久性、可分割性與去中心化特性，已逐漸成為其內涵價值的一部分，並得到市場越來越多的認同。

此外，以太坊共同創辦人維塔利克‧布特林（Vitalik Buterin）在其著

作《以太思維》中提到，貨幣的功能不僅包括交易媒介、儲存價值和計價單位，還有一個常被忽略的角色，那就是「鑄幣利差」（seigniorage）。鑄幣利差的正式定義是「貨幣的市場價值和其內涵價值之間的差額」；而「內涵價值」是指沒有人將該事物當成貨幣使用時，其本身所具有的價值。

無論是法幣或比特幣，其貨幣價值實質上都來自於鑄幣利差。脫離金本位制度的法幣（例如新台幣或美金），若不再被當作貨幣使用，其剩下的價值頂多是「一張紙」的本身價值，實際上也沒有內涵價值。因此，與其質疑比特幣是否有內涵價值，更應該探討的是這種價值的信任基礎和認同如何被建立，這才是問題的核心。

2. 加密貨幣沒有實質公司，所以不值得信任？

比特幣並不依附於任何公司或機構，這讓它與傳統股票截然不同。不過這正是比特幣的核心優勢之一，它建立在去中心化的共識基礎上，其價值和運作不依賴於單一實體的經營狀況。相較於需要公司背書的股票，加密貨幣更像黃金，其價值來自市場的需求與共識，而非某個企業的成敗。

不過在另一方面，美國總統川普於 2025 年 3 月發布行政命令，將比特幣作為美國的戰略儲備，宣示永遠不賣出政府擁有的比特幣（大部分是透過打擊犯罪而獲得）。現今也有越來越多上市公司，如美股的微策略（2025 年 2 月已更名為「策略」Strategy™，但本書還是統一稱之為「微策略」）或資產管理公司貝萊德開始透過投資與囤積比特幣來獲利。有比特幣支持者認為，這可能會減損比特幣原本去中心化的用意，不過這也顯示越來越多的傳統企業和國家認同了比特幣的價值。

3. 黃金有實體，但加密貨幣沒有，所以不值得信任？

黃金是一種實體資產，可以觸摸，並且廣泛應用於工業與奢侈品領域，這讓許多人感到安心。相較之下，比特幣因為是一種虛擬資產，讓部分人對其信任度有所保留。然而，黃金的主要價值來自於其作為「價值儲藏工具」的角色，而這正是比特幣在數位世界中對應的位置。

4. 比特幣只靠共識支撐，早晚會倒？

比特幣的價值的確是建立在共識之上，但這不應被視為弱點，反而是它的一大優勢。正是這種共識，即「網路效應」（network effect），使得去中心化網路得以穩定運作。而隨著時間推移，這份共識已逐步在全球範圍內累積並擴大，成為比特幣價值的核心基石。網路效應說明的是一種現象：當使用者越多，產品或服務的價值也隨之提升。舉例來說，像傳統的電話、到現在的 LINE 或 WhatsApp 這類通訊軟體，只要使用的人越多，對每個用戶的價值就越高，因為它能連接更多人。比特幣的價值同樣來自於網路效應，隨著越多人使用和接受，比特幣的價值也會不斷增強，形成一個正向循環。

5. 比特幣除了炒作和洗錢，沒有其他價值？

雖然投機交易在比特幣市場中占了相當大的比例，但它的實際應用價值正在逐步顯現。比特幣在跨境支付、對抗法幣通膨等方面展現了獨特功能，特別是在金融體系不穩定或當地貨幣信任度低的國家與地區，已成為

許多人生活中不可或缺的工具。

6. 比特幣價格波動巨大，無法成為貨幣？

　　比特幣的價格波動確實讓它在日常交易中顯得不夠穩定。然而，這與黃金的角色相似——黃金雖然不適合作為日常交易的媒介，但仍被公認為價值儲存的工具。隨著市場逐漸成熟，比特幣的價格波動已有減少的趨勢，未來這種情況可能會進一步改善。目前已經陸續有國家將比特幣作為法定貨幣，當所有商品和服務都能以比特幣定價時，從比特幣本位的角度取代美元本位的思考，就不存在「價格波動巨大」的問題。舉例來說，新台幣兌美元的匯率每天都在波動，但超商的商品以新台幣標價，消費者不會感受到匯率波動的影響。

7. 比特幣挖礦很浪費能源？

　　比特幣挖礦的高耗能問題經常受到批評，但我會以「搭公車 vs 搭Uber」的比喻來說明這個現象。搭公車的確是更省能源的選擇，但花錢搭Uber 省下的時間與舒適感也有其價值。同理，挖礦的能源消耗屬於每個人在自由市場中對電力使用的選擇，我們無權干涉。

　　挖礦的計算工作維護了比特幣網路安全，也是支撐這套「點對點電子現金系統」運作的必要成本；若將比特幣挖礦的耗能對標傳統金融系統的電力消耗，比特幣的能源使用未必更高。隨著地熱、水力等綠色能源在挖礦中的廣泛應用，這個問題有望在未來得到逐步改善。就像當初汽車剛問

世時，習慣馬車的人對汽車抱持敵意一樣，新技術的普及總會伴隨質疑與適應期，但最終它們的價值會隨時間展現。

8. 比特幣的價值是洗錢？

比特幣的匿名性確實讓它早期被部分不肖分子用來從事非法活動，但這並不代表洗錢和詐騙是比特幣的「專利」。事實上，現金、藝術品甚至空殼公司，早已是犯罪分子用來洗錢的主要工具。我們應該關注的是非法活動占比特幣整體交易量的比例，而不是單單放大它可能被用於不法行為的一面。

其實，比特幣每筆交易都記錄在區塊鏈上，公開透明且無法篡改，比現金更加容易追蹤資金流向。許多執法機構也利用這一點，成功偵破多起涉及比特幣的犯罪案件。與其說比特幣是洗錢的幫兇，不如說它是一種在透明度上優於現金的新工具，讓非法資金難以真正隱藏。

9. 比特幣還要多久才能被世人接受？

比特幣的接受度快速增長，不少國家和企業已開始採用（區塊鏈）相關技術，有些國家甚至已將比特幣列為法定貨幣，接受比特幣支付的商家也在全球增加。若這股趨勢持續下去，比特幣可能在未來 5 到 10 年內被更廣泛地接受，甚至融入日常生活。

2024 年 Tripple A 報告指出，全球有 5.62 億人擁有某種或各種形式的數位貨幣。換言之，全球 6.8% 的人口擁有並使用數位貨幣。世界最大的

幣安交易所在 2025 年初的用戶數量高達 2.4 億人，韓國加密貨幣持有者超過 1,559 萬人，占總人口 30% 以上。除了一般的使用者之外，投資與使用加密貨幣的政府及金融機構、上市公司也日益增加。另外，美國總統川普、世界首富馬斯克和許多知名企業家，也都是加密貨幣的忠實擁護者。像 Coinbase 交易所和微策略這樣以加密貨幣為核心業務的公司，更是站穩 S&P 500 和那斯達克 100 等指標性企業排名。

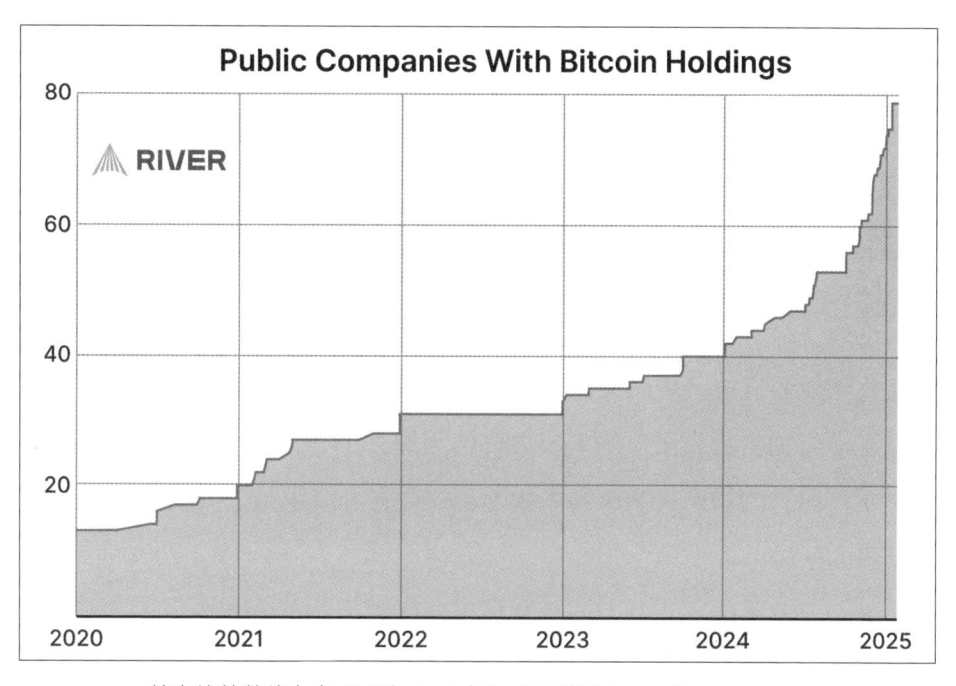

持有比特幣的上市公司自 2020 年以來持續增加。來源：river.com

10. 比特幣還不是要換成法幣？

比特幣目前的價值確實依賴於法幣計價，但這並不表示它必須取代法幣。比特幣的角色更像是一種補充，它提供了一個額外的選項，特別是在跨境支付或法幣信任度低的情境下，為人們帶來更多的靈活性與選擇權。

我們也可以參考激進的比特幣提倡者，微策略執行長邁克·塞勒（Michael Saylor）提出的「比特幣本位思維」（Bitcoin Standard Mindset），這是一種將比特幣視為主要價值衡量標準的思維模式，認為比特幣就是終極儲值工具，而不是傳統法幣（如美元）。

11. 幣圈有一堆中心化公司？

的確，許多加密貨幣交易所是中心化的機構，但這並不影響比特幣去中心化的核心特性。這些交易所主要是提供一個管道方便大眾進入市場，而真正懂得加密貨幣價值的人，最終會選擇去中心化的 Web3 錢包或冷錢包來掌控自己的資產（請參考本書 2-6、2-7），以求完全擺脫對任何中心化機構的依賴。

此外，許多中心化交易所也在積極發展去中心化生態系統。例如，幣安創辦人趙長鵬（CZ）曾經指出，加密產業越去中心化越好，且去中心化金融（DeFi）的交易量未來可能很快就會超越中心化金融（CeFi）。

12. 比特幣對社會沒有幫助？

比特幣或許對「你」個人而言，目前還沒有價值，但這並不意味著對「別人」也無用。在金融基礎設施薄弱的地區，比特幣提供了跨境支付和資產保值的解決方案。對於那些無法依賴傳統銀行體系的人們來說，它不是投機工具，而是實實在在的經濟支柱。

13. 大公司進場會破壞去中心化？

大公司進場不會改變比特幣的去中心化本質。比特幣依賴點對點的分散式技術，即使機構參與，全球無數節點（礦工）仍共同維持網絡的安全與運作，權力不會集中於少數實體手中。

14. 虛擬貨幣就是詐騙？

加密貨幣市場中確實存在大量詐騙，但這並不表示所有加密貨幣都是詐騙工具。像比特幣、以太幣這類主流加密貨幣，背後有扎實的技術基礎，並在全球範圍內得到廣泛應用。詐騙更多是投機者利用市場的不成熟與大眾對技術的陌生所引發，而非加密貨幣本身的問題。

15. 虛擬貨幣就是龐式騙局？

比特幣與龐式騙局在本質上截然不同。龐式騙局仰賴的是不斷吸引新

人進場支付舊人收益，最終資金斷裂崩盤。而比特幣的價格由市場供需決定，沒有中心機構操控，也不需要吸納新資金來維持。只要市場需求存在，比特幣的價值便能持續。

不過，在許多浮濫的山寨幣、迷因幣和垃圾幣之中，確實存在中心化龐氏騙局的可能，這些項目充斥許多無良的莊家利用散戶的 FOMO（害怕錯失）心態，抬高價格倒貨（Pump & Dump），大賺一筆之後一走了之。投資者需要審慎多方評估之後再投入自己的真金白銀，也就是 DYOR（做自己的研究）。

16. 幣圈老師都是要來割韭菜？

確實，幣圈裡有許多「帶單老師」、「永賺老師」濫用投資者的信任，利用造假的績效和社群炫富來博取信任，再透過高槓桿交易或散布假消息來「收割韭菜」。但這些行為只屬於市場中的一小部分，並不能代表整個加密貨幣市場。對新手而言，最重要的是認識市場風險，謹慎選擇可靠的資訊來源，避免被不良操作所影響。

許多帶單老師之所以鼓吹學員進行高槓桿合約交易，是因為不管學員賺、賠甚至爆倉，帶單老師都可以收取交易所提供的高額「返佣」（因為學員是用帶單老師的註冊碼註冊，所以有回饋）。跟許多股票老師是靠高額的會員年費來獲利，而非真正靠操作獲利是一樣的道理。所以看到所謂的「幣圈帶單老師」在網路上炫耀自己的對帳單或是曬出鈔票、名車、名錶，就要小心他背後的動機。無良老師的對帳單除了可能是盜用、P圖甚至 AB 單（用兩個帳戶一個開空一個開多對沖，然後只貼出獲利的那單來

營造高本金高獲利假象），這些「老師」甚至會推薦一些名不見經傳的野雞交易所，讓你的資安陷入危險。所以投資之前，一定要先做好自己的功課，只有自己能為自己的決定負責。

17. 每個人都賺錢，那誰虧錢？

在加密貨幣市場中，現貨交易並非零和遊戲。只要比特幣的價值和市值持續增長，所有長期持有者都有機會一同獲利，這情況就像大家都以500元買進台積電，隨著股價上漲，人人都能受益。相比之下，加密貨幣的合約市場（類似股票的期貨）則是典型的零和遊戲，因為它的盈虧完全取決於雙方押注的結果：有人賺錢，就一定有人虧錢。了解這兩者的差異，有助於投資者選擇適合自己的交易方式。

18. 數位黃金沒有跟著黃金波動？

比特幣之所以被稱為數位黃金，是因為它具備價值儲藏等四大特性，而非與黃金的價格波動同步。比特幣的價格波動更容易受到市場情緒和科技股走勢的影響，但從長遠來看，它的稀缺性和抗通膨特質正逐漸與黃金的價值定位接近。

19. 投資比特幣是十賭九輸？

投資比特幣的風險確實來自於市場的高波動性，短期投機，尤其是

開高倍槓桿的合約交易，非常容易因價格劇烈波動而血本無歸。然而，長期持有者若能理性看待市場起伏，並堅守持有策略，往往能在時間的累積下實現資產增值。重要的是「在市場裡的時間」，而不是「進入市場的時機」。

如果採用「買進並持有」（Buy and Hold，或是幣圈術語 HODL）的做法，持有超過 4 年或更長期的投資者，幾乎全都獲得驚人的收益（關於此策略，請見本書 4-1）。補充說明：HODL 源自於 Bitcointalk 論壇上某位用戶的拼寫錯誤，指堅定長期持有比特幣。

20. 比特幣波動太大？

比特幣的波動性確實較高，這是新興市場常見的特性之一。透過合理的資金配置與長期持有策略，投資者能減少因短期波動所帶來的風險，並更穩健地參與這個成長中的市場。

21. 連世界第二大的 FTX 交易所都會破產了，中心化交易所可以相信？

2022 年的 FTX 破產事件的確讓人擔憂中心化交易所的風險，但比特幣本身是去中心化資產，比特幣價值的彰顯，並不依賴任何單一平台。這次倒閉事件反映的是 FTX 的管理問題，而非比特幣或區塊鏈技術的缺陷，反而更凸顯了使用去中心化錢包（冷錢包）保管資產的重要性。交易所出問題，並不影響比特幣的長期價值。

22. 一天漲跌好幾倍？這叫賭博

比特幣的價格波動確實較大，但稱其為「賭博」並不恰當。主流加密貨幣（如比特幣、以太幣）的日常波幅已相對穩定，波動反映的是市場供需和投資者信心的變化，而非純粹的隨機性。對於理性投資者而言，這些波動是市場特性，而非賭局。

23. 台積電有財報，比特幣沒有？

比特幣的價值無法像台積電那樣靠財報來分析，因為它不是一間公司，而是一種資產。評估比特幣的價值，可以從它的網路效應、技術基礎以及市場需求來觀察，而非傳統財務指標。

24. 你不怕駭客偷走錢嗎？

使用比特幣確實需要更高的安全意識，例如妥善保管私鑰或使用冷錢包。這不是缺點，而是保障用戶資產主權的一部分，讓你真正掌控自己的財富。此外，在每一次的駭客事件之後，交易所或是用戶都會有新的安全意識升級，就像傳統銀行金庫或個人防盜的提升一般。如果擔心自己保管加密資產的能力不足，比較傾向傳統派的投資者，也可以選擇在傳統股票市場上市且受到各國政府監管的「比特幣 ETF」或「以太幣 ETF」，或是購買積極投資加密貨幣的上市公司股票，例如美股「微策略」或是美國交易所 Coinbase。

25. 礦工不挖了，比特幣就完了？

只要比特幣有價值，礦工就有動力繼續挖礦。即使在 2140 年 2,100 萬顆比特幣全部被挖完之後，礦工仍能透過交易手續費獲取報酬，持續支持網路的穩定運作。冷錢包廠商 Trezor 的分析師 Lucien Bourdon 指出，儘管比特幣挖礦獎勵逐漸減少，不過礦工的收入不僅來自區塊補貼，還依賴於交易費用。他認為，雖然區塊補貼在未來 20 年內確實會少很多，網路將越來越依賴交易費用來激勵礦工，但如果比特幣如預期般被廣泛採用，交易費用會隨之增加，從而保持礦工的盈利能力。

加密貨幣市場研究公司 Quantum Economics 的創辦人 Mati Greenspan 也補充道，如果礦工因獎勵不足而無法盈利，部分礦工會選擇關閉機器，這將導致網路總算力下降。然而，這樣的變化會提高留存礦工的盈利能力，因為他們將獲得更大的區塊獎勵和交易費用。比特幣的獎勵系統能夠隨著情況變化而自我調整。因此，只要比特幣保持有價值，礦工將致力於保護它，至少在未來的 100 年內。

26. 網路斷了，比特幣就完了？

「比特幣節點」是比特幣網路的核心，負責驗證、傳播交易與區塊，並維護網路的去中心化特性。而比特幣的節點分散於全球各地，即使某些地區的網路中斷或停電，整體網路仍能運行。斷網後，數據會在恢復連線時同步，確保交易紀錄完整。除非發生全球性的網路癱瘓，否則比特幣不會因局部網路問題而消失。根據 2025 年 3 月 8 日 Bitnodes.io 的數據，分

散於全球的比特幣節點約有 2.1 萬個，運行的節點數量越多，比特幣的網路就會越安全，可以抵禦「51 攻擊」（關於 51 攻擊，請見 91 頁）。

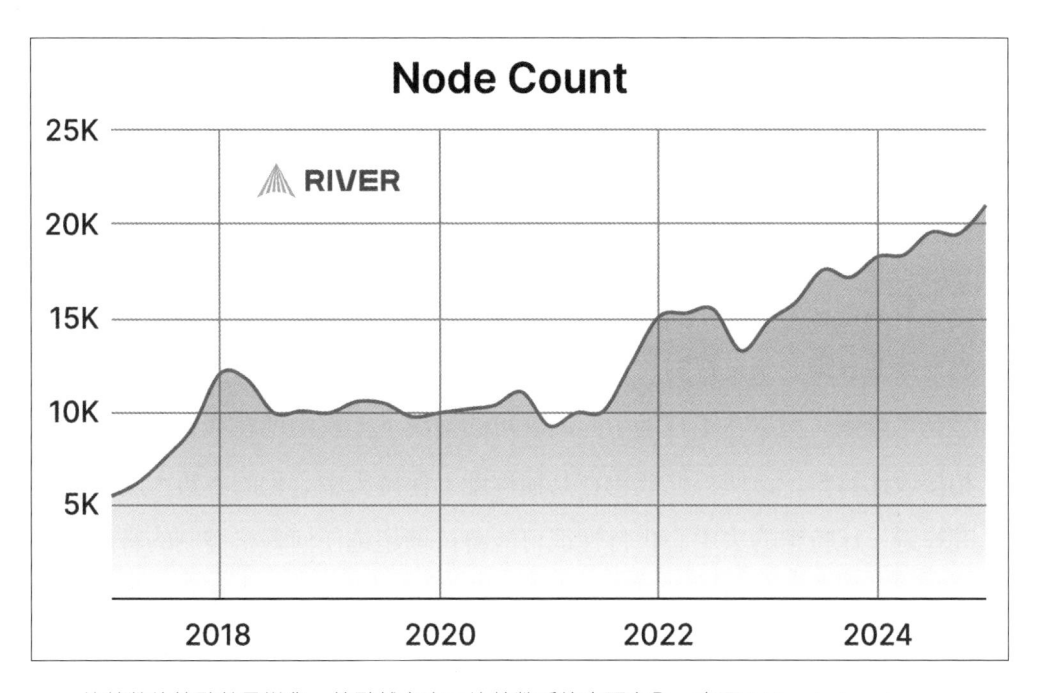

比特幣的節點數量變化，節點越多表示比特幣系統會更安全。來源：bitnodes.io、river.com

27. 量子電腦出現，比特幣就完了？

在短期內（10 年內）量子電腦的發展還不足以威脅比特幣。但 10 到 30 年之間，確實可能對現有加密技術構成挑戰。不過，由於比特幣是由開源協議和社群主導的開發過程，這意味著比特幣的程式碼是公開透明的，任何開發者都可以參與改進和升級系統。當技術上出現潛在威脅時，比特幣社群可以根據需求提出和實施新的應變措施，例如引入量子安全的加密

算法。

此外，一旦量子電腦真的進步到可以破解比特幣之時，安全程度比加密貨幣更差的傳統金融，如網路銀行和軍事系統等領域反而會面臨更嚴重的威脅。相較之下，比特幣面臨的風險反而不會是最優先的問題。

28. 政府禁止，比特幣就完了？

許多政府曾試圖禁止比特幣，但結果顯示，禁令往往難以有效執行，因為這些政策並不直接對比特幣網路本身構成威脅。比特幣的設計初衷就是為了讓個人可以在不經過中介或許可的情況下，自由地在錢包之間發送和接收比特幣，這使得它能夠在某種程度上保持去中心化的本質。隨著時間經過，比特幣的去中心化特性很可能會持續超越任何嚴格控制的嘗試，讓使用者能夠保持財務獨立。越來越多國家選擇以監管和合法化的方式來接受比特幣，政府的支持會加速比特幣的普及與發展，使其更容易融入主流金融體系。

29. 中本聰出來賣幣，比特幣就完了？

即使中本聰現身並拋售其持有的比特幣（約 100 萬顆），對市場的影響也僅限於短期波動。比特幣的價值核心來自於其技術應用與市場需求，而非單一個體的行為。因此，這不會改變比特幣作為數位資產的長期價值基礎。

30. 巴菲特說比特幣是老鼠藥，你比他厲害？

　　巴菲特之所以批評比特幣和黃金，是基於他對無法產生現金流的資產的保守態度。然而，也有其他投資權威，例如美國總統川普、世界首富馬斯克、貝萊德執行長賴瑞‧芬克（Larry Fink）非常看好比特幣的未來。這些相左的觀點展現了比特幣的多面性，投資者應深入了解其價值與風險，根據自身判斷決定是否參與。

1-7
2024年底比特幣分布數據

　　從2009年1月3日比特幣「創世區塊」產出到2024年底為止，比特幣歷經了近16年的發展，這個章節我們就來探討比特幣目前的大致分布概覽，認識這些「鯨魚」（whale，指加密貨幣或資產的大戶）的背景，讓投資者對於加密貨幣的世界有一個更加宏觀的認知。

　　2024年，美國證券交易委員會（SEC）陸續批准通過了比特幣和以太幣的現貨ETF，這意味著一般投資人可以簡單地在傳統股票市場購買加密貨幣相關的金融商品。而有了SEC的監管，也意味著投資人不用負擔自己購買和保存比特幣的麻煩與風險，同時避開加密貨幣交易所突然倒閉或被盜的問題。這些金融機構的進場，對比特幣的庫存分布和生態造成了巨大的變化。

　　根據2024年12月River.com的報告，總發行量2,100萬顆的比特幣，只剩120萬顆（5.8%）尚未被開採出來。銷聲匿跡的比特幣創始人中本聰名下有96.8萬顆（4.6%），各國政府則擁有30.7萬顆（1.5%），金融機構如基金和ETF有125萬顆（5.9%），各企業有81萬顆（3.9%），個人擁有的則是1,469萬顆（69.9%）。

另外，因為保存不當（如忘記私鑰或密碼、轉帳選錯區塊鏈、電腦損害或丟失）而永久遺失的比特幣則高達 157 萬顆（7.5%）。舉個知名的例子，英國紐波特市（Newport）的電腦工程師詹姆斯・豪威爾斯（James Howells）在 2013 年丟掉了舊硬碟，裡面存有挖礦獲得的 8,000 顆比特幣。過去十多年，為了找回比特幣，詹姆斯辭去工作，嘗試從 140 萬噸垃圾中尋找硬碟，而市政府認為機會渺茫而拒絕他希望大型開挖的請求。據 BBC 報導，該垃圾掩埋場預計將於 2025 至 2026 年關閉。

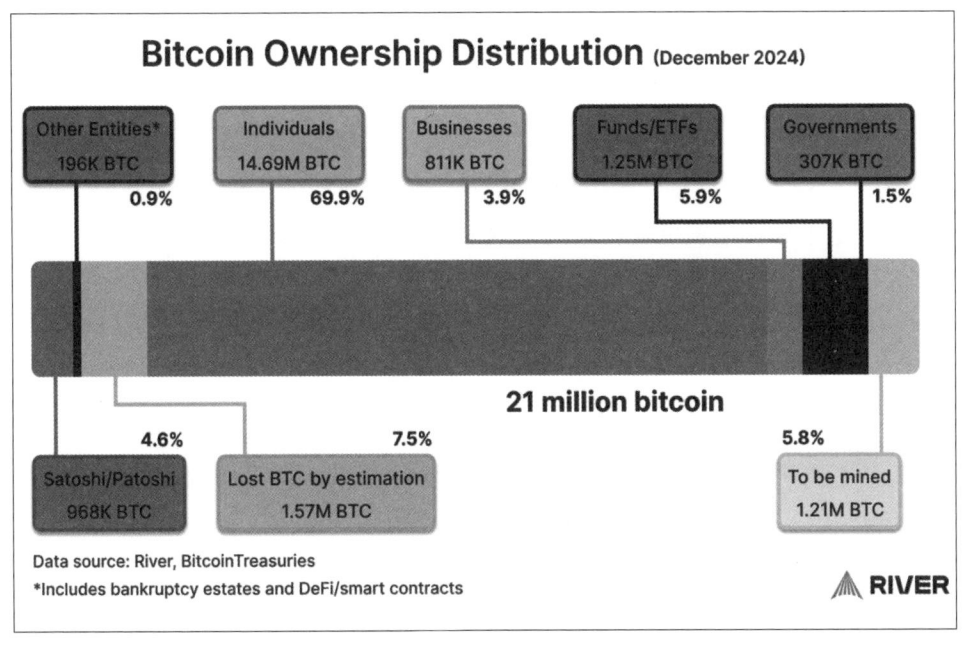

Bitcoin Ownership Distribution (December 2024)

Category	Amount	Percentage
Other Entities*	196K BTC	0.9%
Individuals	14.69M BTC	69.9%
Businesses	811K BTC	3.9%
Funds/ETFs	1.25M BTC	5.9%
Governments	307K BTC	1.5%
Satoshi/Patoshi	968K BTC	4.6%
Lost BTC by estimation	1.57M BTC	7.5%
To be mined	1.21M BTC	5.8%

21 million bitcoin

Data source: River, BitcoinTreasuries
*Includes bankruptcy estates and DeFi/smart contracts

RIVER

2,100 萬顆比特幣在 2024 年 12 月的分布。來源：river.com

截至 2024 年 11 月，擁有最多比特幣的個人與機構，分別是第一名的 Coinbase 交易所（美國最大的加密貨幣交易所）為客戶保管了 225 萬顆；第二名是比特幣創始人中本聰挖礦得來的 96 萬顆（也有人估計是 110 萬

顆）；長年占據世界最大的交易所寶座的幣安（Binance）則是排名第三，保管了63萬顆；第四名是世界最大的資產管理公司貝萊德（BlackRock），因為在2024年SEC法規通過後推出了比特幣ETF（iShares Bitcoin Trust ETF，美股代號：IBIT），目前擁有35萬顆，這也是目前市值最大的比特幣ETF。

第五名是美股上市公司微策略（Microstrategy，美股代號：MSTR），擁有33萬顆。微策略的本業是為企業提供軟體解決方案，自從創始人邁克・塞勒（Michael Saylor）於2020年開始瘋狂買進比特幣，如今已成為持有最多比特幣的上市公司。因為比特幣2024年的大漲，微策略的市值和股價也隨之水漲船高，股價年漲幅達到700％，甚至超越比特幣本身的年度漲幅（約120％），並於2024年底正式被列入那斯達克100指數。而塞勒堅定不移持續買進比特幣的信念，使得他被視為新世代最具代表性的比特幣傳教者。不過，微策略藉由發行可轉換債來放大槓桿購買比特幣的行為，也被許多人視為一種警訊：一旦幣價反轉，可能會造成下一次不可預測的黑天鵝崩盤事件。

第六名是灰度投資公司（Grayscale Investments），持有22萬顆。灰度創立於2013年，是老牌的美國加密貨幣信託基金公司，現在主要產品是「灰度比特幣信託基金ETF」（美股代號：GBTC）。灰度基金在2024年比特幣ETF通過之前，一直是最大的比特幣基金公司，現在因為手續費較高的關係，目前僅次於貝萊德的IBIT，落居排名第二大的比特幣ETF。想購買IBIT或GBTC等比特幣ETF的投資人，可以透過海外美股券商如第一證券（Firstrade）、盈透證券（Interactive Brokers，IB）以及嘉信理財（Charles Schwab）下單。另外在2024年12月，國內的永豐金證券也宣布

Bitcoin Top 20 Entities (Nov 2024)

Rank	Entities	BTC	Value	Total Share	Held for Clients
1	Coinbase	2,256,287	$202.0 b	10.74%	Yes
2	Satoshi*	968,452	$86.7 b	4.61%	No
3	Binance	636,209	$56.9 b	3.03%	Yes
4	BlackRock	357,509	$32.0 b	1.70%	Yes
5	MicroStrategy	331,200	$29.6 b	1.20%	Yes
6	Grayscale	224,751	$20.1 b	1.07%	No
7	U.S. Gov.	213,246	$19.0 b	1.02%	No
8	Bitfinex	207,429	$18.5 b	0.99%	Yes
9	OKX	195,182	$17.4 b	0.93%	Yes
10	Kraken	190,998	$17.1 b	0.91%	Yes
11	Chinese Gov.	190,000	$11.2 b	0.90%	No
12	Fidelity	175,515	$15.7 b	0.84%	Yes
13	Block.one	164,000	$14.6 b	0.78%	No
14	RobinHood	144,657	$12.9 b	0.69%	Yes
15	Unknown	78,317	$7.0 b	0.37%	-
16	Upbit	77,648	$6.9 b	0.37%	Yes
17	Tether	75,354	$6.7 b	0.36%	No
18	"Mr 100"	75,079	$6.7 b	0.36%	-
19	Unknown	73,000	$6.5 b	0.35%	-
20	Gemini	71,495	$6.4 b	0.34%	Yes
	Total	6,706,328	$593 b	31.93%	

*Satoshi Nakamoto's bitcoin is an estimate by BitMEX Research
Source: Arkham Intelligence, BitInfoCharts, Coinbase Q2 2024 report

RIVER

2024年11月比特幣的前二十名持有者。來源：river.com

複委託可交易虛擬資產的 ETF，成為首家正式上線券商。

第七名是美國政府擁有的 21 萬顆比特幣，大部分都是沒收犯罪集團的不法所得，例如 2020 年查獲暗網「絲綢之路」（Silk Road）的 6.9 萬顆、2022 年從 Bitfinex 交易所駭客沒收的 9.4 萬顆以及從暗網大盜 James Zhong 沒收的 5.1 萬顆。第八名到第十名都是加密貨幣交易所，分別是 Bitfinex 的 20.7 萬顆、OKX 的 19.5 萬顆和 Kraken 的 19 萬顆。

第十一名的比特幣持有者是中國政府，總量 19 萬顆。這些被中國政府沒收的比特幣多半來自 2018 年 5 月 PlusToken 傳銷詐騙案。PlusToken 利用號稱去中心化的錢包、搬磚套利平台和虛擬礦機為餌，收取 500 美金以上的加密貨幣加盟金。這起傳銷詐騙案直至 2019 年 6 月底被破獲為止，傳播廣達 170 國，共有 270 萬人受害。這些詐騙而來的加密貨幣都被中國政府收歸國有，其中比特幣就高達 15 萬顆。

2024 年底各國政府總共擁有 30.7 萬顆比特幣，占總發行量的 1.5%。其他如不丹政府有 1.2 萬顆，主要靠天然能源挖礦獲得。2021 年 9 月首個將比特幣列為法幣的薩爾瓦多政府，則透過每天購買 1 顆比特幣的策略（1 BTC per day, every day），目前擁有 5,963 顆。

第十二名是富達數位資產公司（Fidelity Digital Assets）的 17.5 萬顆。富達也推出了比特幣 ETF，全名「富達優勢比特幣 ETF」（Fidelity Wise Origin Bitcoin Fund，美股代號：FBTC）。

第十三名是開發了 EOS 公鏈的區塊鏈技術公司 Block.one，擁有 16.4 萬顆比特幣。這間公司在 2018 年 6 月的 ICO（首次代幣發行，Initial Coin Offering，類似首次股票發行 IPO）中募集了 40 億美金，並將其轉為投資比特幣。

第十四名是 2013 年成立的美國新興網路券商 Robinhood，持有 14.4 萬顆。Robinhood 平台提供加密貨幣、股票、選擇權及基金，並採取零手續費的方式交易，深受年輕投資人喜愛。這個做法也開啟了美國傳統券商跟進零手續費的風潮。

第十五名是神秘的未知團體。第十六名則是韓國最大的加密貨幣交易所 Upbit 持有的 7.7 萬顆比特幣。

第十七名是大名鼎鼎的美元穩定幣 USDT 的發行商 Tether，共持有 7.5 萬顆比特幣。Tether 宣稱，每發行 1 美元的 USDT，就會保留相應 1 美元的資產作為擔保。關於 USDT 對於加密貨幣市場的重要性及風險，在本書 3-4 會有專文說明。

第十八名是引起加密社群注目的 Mr.100 錢包地址，這個名稱來自於其多次交易，每次都是 100 顆比特幣，目前累積 7.5 萬顆。根據鏈上數據追蹤平台 Arkham 猜測，Mr.100 是韓國最大交易所 Upbit 的冷錢包。

第十九名為未知地址。第二十名則是雙子星（Gemini）交易所，這是一家美國的加密貨幣交易所，2014 年由溫克勒佛斯兄弟（Winklevoss）創立。他們在就讀哈佛大學時控訴 Facebook 創辦人祖克柏竊取社交網站的創意，最終獲得 6,500 萬美元的和解金。後來他們在 2012 年用均價約 10 美元購買了 12 萬顆比特幣，成為了早期的比特幣富豪。

綜觀 River.com 這篇 2024 年底的報告，我們可以得知越來越多的國家政府、資產管理公司和各國上市公司競相囤積比特幣作為資產儲備的趨勢。比特幣限量 2,100 萬顆的「抗通膨」特性完美體現了物以稀為貴的鐵律。

2025 年 5 月 Glassnode 的數據顯示，目前擁有 1 顆或更多比特幣的地址數量只有約 102 萬個。未來一般人想要擁有 1 顆比特幣可能會越來越難。不過根據許多財經名人對於比特幣價格的極端樂觀預測（25 萬到 1,300 萬美金，詳見本書 1-9），就算你只買 0.1 或 0.01 顆比特幣，在 10 年內都可能為你帶來難以想像的財富。無怪乎《富爸爸窮爸爸》的作者羅伯特・清崎曾強調，購買比特幣可能是普通人能最簡單實現財富自由的關鍵。

1-8
比特幣的願景分析及價格分析

比特幣的 4 年牛熊循環模式

2009 年 1 月 3 日誕生的比特幣，在 2025 年初已經度過了 16 歲的生日。相信很多讀者都聽過比特幣有所謂的「4 年循環」，即比特幣的產量約每 4 年就會減半一次（更精確地說，每挖到第 21 萬個區塊時會減半）。而且比特幣的牛市和熊市有一個明顯的模式，即過去 4 次的牛市都是在減半發生的前半年左右開始，然後在減半後的 1 年左右出現牛市的頂點（也可以說是減半日期隔年的第 4 季），迎來高點後會開始熊市的週期（跌幅 60-80%）。不過，下一輪的牛市，都會漲得比上一次的高點更高。這就是所謂的比特幣 4 年循環。目前比特幣已經在 2024 年 4 月完成了第 4 次的減半，所以很多分析師都預測這一輪的比特幣牛市高點會落在 2025 年的第 4 季，而高點的價格區間則眾說紛紜，大約是 12 萬到 25 萬美元之間。不過，投資不能只看後照鏡開車，過去的走勢並不代表未來的走勢，只能當作一個參考，讀者還是要有自己的研究和看法。

什麼是山寨季？

在比特幣的牛市高點來臨之後，很多投資人會轉而期待山寨季。山寨季（altcoin season）是加密貨幣市場的一個週期性現象，指的是比特幣的市場主導地位下降，而各種山寨幣（除了比特幣之外的所有加密幣）價格大幅上漲的時期。這段期間，投資者通常會把資金從比特幣轉移到其他加密貨幣，促使山寨幣的價格和市值快速成長。

舉例來說，2017 到 2018 年山寨季時，比特幣漲至 2 萬美元後橫盤，輪到山寨幣暴漲。ETH（以太幣）從 300 上漲至 1,400 美元。XRP（瑞波幣）從 0.25 飆升至 3.84 美元（漲幅 1500%）。2021 年山寨季時比特幣在 6 萬美元左右震盪，資金轉而流入山寨幣。DOGE（狗狗幣）最高飆升超過 100 倍，DeFi 幣和 NFT 幣則迎來爆發。那麼，我們該如何判斷山寨季即將來臨並預先做好準備？以下是總結過去經驗的幾個判斷指標，提供給讀者參考：

1. **比特幣市占率（Bitcoin Dominance）下降**：當 BTC 市占率跌破 50% 以下，通常代表資金正在流入山寨幣市場。
2. **ETH/BTC 比例上升**：ETH 相對於 BTC 的價格上升，通常是山寨季的先行指標。
3. **聯準會降息**：當低風險的債券收益下降，會促使投資者更願意將資金投入加密貨幣等高風險資產，而山寨幣的風險又比比特幣高上許多。

注意：投資山寨幣，尤其是短期討論度超高的迷因幣，是比投資比特幣風險更高無數倍的做法，建議讀者若想投資山寨幣，千萬要小心謹慎。就像馬斯克於 2025 年 2 月在喬·羅根（Joe Rogan）的 Podcast 訪談中說的一樣：

「如果你期望靠迷因幣賺錢，那就是太傻了。你不可能在迷因幣上贏錢，如果你只是想玩玩，那就去玩吧。但千萬別把全部家當都押在迷因幣上。」

比特幣看漲的理由

一樣米養百種人，幣圈投資人中有人偏好頻繁交易的短線投資，也有人喜歡買了就放著不管的長期策略；有人對於小市值的山寨幣或迷因幣更加看好，認為這才是尚未開發的璞玉，也有人認為最終還是只能相信比特幣。但整體而言，「長期看好比特幣」似乎是所有幣圈人的共識。那麼，就讓我們來看看比特幣有哪些潛在的長期利多因素。

1. **機構資金進場**：2025 年 3 月初，比特幣和以太幣的現貨 ETF 的「總資產管理規模」（Asset Under Management，AUM）已經高達 1,119 億美金，占據兩者現貨市值的 6.28%。

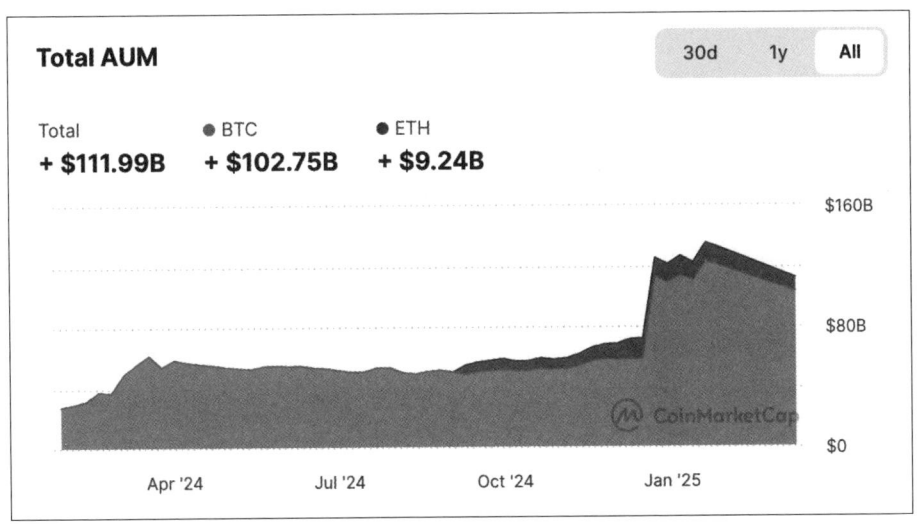

2025 年 3 月 11 日市面上 BTC ETF 總市值為 1,027.5 億美金，ETH 則為 92.4 億美金。
來源：coinmarketcap.com

2. **供給持續減少**：比特幣的發行規則是固定的，不但有著每 4 年產量減半的規則，它不可逆的性質，包括遺失的錢包、不小心打錯地址的轉帳都會讓比特幣總量憑空減少。根據 2025 年 River.com 的報告，目前估計永久遺失的比特幣數量約為 157 萬顆（占比特幣總額 2,100 萬顆的 7.5%）。

3. **企業的應用**：比特幣支付、應用相關的服務逐年增加。杜拜頂尖房產集團「達馬克地產」（DAMAC Properties）和日本的 Open House Group 皆宣布開放用加密貨幣買房，預先存入加密貨幣就可以在世界各地使用和提領各國法幣的 Visa 及 Mastercard 信用卡也越來越多。2025 年初美國好市多（Costco）更宣布和 LibertyX 合作，在全美 624 家門市架設比特幣 ATM，讓買賣比特幣更加方便。

4. **法規的完善**：雖然早在 2018 年 6 月，美國證券交易委員會（SEC）就宣布比特幣是合法的數位資產，美國最大的加密交易所 Coinbase 也已經是美股的上市公司。然而，在拜登政府執政期間，美國金融監管高層始終對比特幣沒有好臉色。這種情況在川普總統 2025 年重新上任後已有逆轉跡象，2 月時 SEC 針對 Coinbase、Robinhood、去中心化交易所 Uniswap 和 NFT 市場平台 OpenSea 的合規調查進入尾聲，顯示監管方向逐漸明朗，有助於推動美國成為全球加密貨幣中心的目標。

5. **技術的穩定**：如果有人在 2010 年就鼓吹親友投資比特幣，那他大概是瘋了。因為比特幣與區塊鏈技術在當時還是全新的科技，別說有沒有應

用了,安不安全都是個疑慮。唯有經過時間與大量使用過後的壓力測驗,它的風險才會是一般人所能承受的程度。而比特幣誕生至今已經超過 16 年、全球節點數破 2 萬、各種區塊鏈相關技術也持續進展,這些都讓比特幣愛好者擁有足夠且越來越高的信心。根據「林迪效應」(Lindy Effect),一項科技能持續多久,就跟其已經持續了多久成正比。換句話說,比特幣只要多存在一年,就是它能繼續存在更久的最好證明。

6. **年輕人的愛好**:多數投資比特幣、加密貨幣的都是年輕人,他們賺了錢,且希望比特幣持續成長。這些人會在未來進入更高的職位,無論他們做的事情與比特幣市場是否直接相關,他們對社會、政治、金融的影響力會持續擴大。換句話說,支持比特幣的那群人將越來越重要。如果說現在對全球經濟影響力最大的族群是 40 到 50 歲的世代,那麼 20 年後,當家的就是現在 20 到 30 歲的世代,也就是最支持加密貨幣的那群人。巴菲特是第一個靠投資股票登頂世界首富的人,也許 20 年內,我們可以看到靠投資加密貨幣角逐這個頭銜的人。補充說明:在 2025 年初,中本聰持有的比特幣已經讓他成為全球第十一大富豪了。

7. **區塊鏈的興起**:區塊鏈技術的發展與比特幣本身雖然不必然有關,但比特幣仍是產業內當之無愧的大哥。隨著 DeFi、DApp、數位支付等應用深入日常生活,比特幣市場隨之受益也是可以預期的。

8. **股市的動盪**:隨著美股持續創新高,不少人認為大幅度的回調即將到來。

當股市走低時，黃金通常會有走高的表現。這是因為黃金被許多人視為避險資產的緣故。而比特幣在歷史上與美股的走勢相關性較低，在股市表現低迷的時候，或許可能成為比特幣異軍突起的時候。

9. **國家的支持**：2021年6月，中南美洲國家薩爾瓦多國會正式通過將比特幣列為法幣。補充說明：在2024年12月，薩爾瓦多為了獲取國際貨幣基金組織的14億美金貸款，取消了比特幣的法幣地位。2025年川普總統上任後，宣布將比特幣列為美國的戰略儲存物資，這一舉動也可能會帶動其他國家效法，讓更多國家競爭比特幣的存量。

10. **上市企業競相購買比特幣**：因為美股上市公司「微策略」購買比特幣策略的成功（截至2025年5月約持有50萬顆），有越來越多國際上市公司紛紛將購買比特幣當成資產儲備的一環。知名案例還有電動車產業龍頭特斯拉（約1.1萬顆）、日本上市房地產公司Metaplanet（7,800顆）和美國遊戲零售龍頭GameStop（4,710顆）。

比特幣看跌理由

有漲就會有跌，儘管我們對幣市長期看好，卻不代表它完全沒有缺陷或隱憂。本節就來聊聊「不看好者」（Bitcoin Bears）的論點。

1. **政策打擊**：中國歷年來已多次表態比特幣難以控制，且巨大的波動性對於國家發展與國民投資有不好的影響，在2021年6月中迅速關閉了境

內數座比特幣礦場，也限制加密貨幣交易所的服務範圍。作為高度中心化管理的政體，中國官方禁止比特幣的可能性並不小。一直以來中國資金對於比特幣投資具有很大的影響力，其未來政策走向勢必對比特幣市場造成不小的動盪，也有可能進一步影響親中國家對比特幣政策的判斷。

2. **監管質疑**：毫無疑問，去中心化的特質是比特幣最初與最終的目標。然而，目前全世界政府、機構的干涉都使其在使用上與本質脫鉤。別誤會，比特幣的幾項特質不會因為監管的干預而改變，改變的是多數人在使用、儲存、移轉比特幣時，會從理想上的「自己就能管理」，變成「交由金融機構託管」。舉例而言，即使你持有的是背後有真實比特幣作為擔保的 ETF，也是一種變相的將資金交給機構託管。監管的落實與華爾街的整合是把雙面刃，如果未來超過一半的比特幣都是由中心化機構替用戶託管，那麼比特幣還是比特幣嗎？比特幣還能保有最初被賦予的價值嗎？

3. **泡沫化**：比特幣不像那些能創造現金流的公司有各種折現的方式去推算出最低估值，因此，即便我們知道比特幣「應該很有價值」，但誰都難以定義「它應該值多少錢」。它可能有價值，但不到 10 萬美元這麼高？它可能在未來會持續上漲，但短期內像是泡沫？諸如此類的心理活動都可能是導致比特幣大幅下跌的因素，且可以預期這些效應會持續存在。

4. **51 攻擊**：比特幣系統雖說不害怕單點駭客攻擊，但相對地，它的弱點

就是被人掌握一半以上的節點。我們可以將比特幣協議想成「多數決」的概念，只要大部分礦工都與比特幣系統利益一致，他們就會遵守共識規則，正確地打包區塊，讓系統可以順利運作。然而，如果有人掌握了全球超過一半以上節點的算力（或者說 51% 以上的算力），一定程度上他就能操縱區塊鏈的紀錄，並且圖利自己。這被稱作「51 攻擊」。51 攻擊是任何一條區塊鏈最大的噩夢，不但對幣價會是打擊，甚至對未來區塊鏈的安全性都會蒙上陰影。但是我們還不用太擔心，因為歷史上至今未曾出現過任何一次比特幣的 51 攻擊，而比特幣的節點分散程度也是所有區塊鏈之最。

5. **量子危機**：儘管量子電腦的攻擊被認為有抗量子算法可以防禦，然而一旦最新的量子電腦破解了老舊的比特幣錢包私鑰（例如中本聰的錢包），即使不會對整個比特幣網路造成危害，攻擊者所竊取的比特幣資產如果流入市場仍有可能造成海量賣壓。

6. **其他不確定因素**：比特幣問世至今僅 16 年，要說它已經經歷了大量應用的壓力測試，似乎不是那麼令人信服。任何一個新興科技都可能會有漏洞，尤其是即將走入主流的時期，不法分子與大量進入的用戶都可能暴露其尚未被發現的漏洞。駭客攻擊、大型交易所倒閉、政策轉向等各種負面事件依舊有可能發生，也依舊可能大幅影響市場。因此，無論你多麼看好比特幣市場，「全押」都不是最理性的判斷。

1-9
財經名人對於比特幣的價格看法

財經名人對於未來比特幣價格的分析

雖然沒有人擁有水晶球,可以真正預測比特幣的價格,但我們還是可以從一些對比特幣狂熱的知名企業家的過往言論,推測出他們對於比特幣的信心程度。

1. 管理超過 120 億美金的方舟投資管理公司(ARK Invest)創始人兼執行長凱西・伍德(Cathie Wood,暱稱「木頭姐」),對比特幣的未來價格抱持樂觀態度,並多次上調其預測。2024 年 3 月伍德表示,鑑於比特幣的最新發展,在樂觀情況下,比特幣價格可能達到 380 萬美元,比她此前的預測高出 200 多萬美元。

2. 瘋狂囤買比特幣的美國上市公司微策略創辦人邁克・塞勒,在 2024 年底的一場電視訪談中談及自己對於比特幣的長期願景:比特幣價格可能在 2045 年達到 1,300 萬美元,這意味著在未來 21 年內,比特幣的年均回報率約為 29%。

3. 全球暢銷書《富爸爸窮爸爸》作者羅伯特・清崎對比特幣的未來價格抱

持積極態度,他預測比特幣在 2025 年可能達到 25 萬美元,並建議投資者不要害怕比特幣的短期波動,而是關注比特幣的長期價值。

4. 管理規模超過 11 兆美金資產,並在 2024 年推出比特幣 ETF 的全球最大資產管理公司貝萊德(BlackRock)首席執行長賴瑞・芬克(Larry Fink),在 2025 年 1 月表示:如果比特幣被廣泛接受作為對抗貨幣貶值和經濟不穩定的國際工具,其價格可能達到 50 萬至 70 萬美元。

5. 幣安交易所創辦人趙長鵬(CZ)於 2020 年 12 月 17 日(當日幣價甫創新高 1.93 萬美元)在自己的 X 帳號發文:「等待新頭條:比特幣從 10.1 萬美元『崩』到 8.5 萬美元。存下這條推文。」而這個「預言」在 2025 年 2 月底實現了,大批網友翻出這個預言前去朝聖。CZ 又在 2025 年 2 月 26 日加碼新預言:「等待新頭條:比特幣從 100.1 萬『崩』到 98.5 萬美元。存下這條推文。」雖然這兩條推文主要是在調侃媒體對於比特幣的不友善態度,但也可以看出 CZ 對於比特幣的期待。

CZ 在 X 帳戶寫下兩則比特幣價格的「預言」,前者已經成功應驗

6. BitMEX 交易所的創辦人亞瑟・海斯（Arthur Hayes）在 2025 年的杜拜加密貨幣峰會 Token2049 活動中表示，美國政府的債務危機將有利於比特幣價格的推升，並預測 2025 年底有機會達到 25 萬美元，2028 年底（即川普總統卸任時）則會達到 100 萬美元。

比特幣批評者怎麼說？

雖然有這麼多財經大佬看好並重押比特幣，但相對地，也有許多財經名人對比特幣持悲觀或警惕的態度，認為它是一種高風險且無價值的投資。有個網站叫做「比特幣之死」（bitcoindeaths.com），其中統計了比

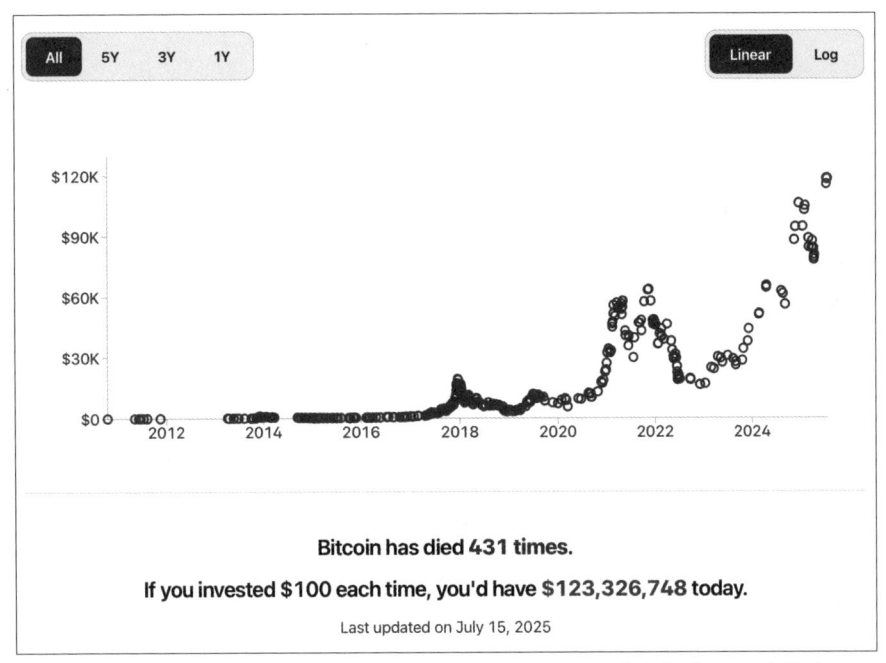

每當比特幣被唱衰就買入 100 美金，2009 到 2025 年 4.3 萬會變成 1.23 億美金。
來源：bitcoindeaths.com

特幣自 2009 年問世以來，被多少批評者判過死刑。截至 2025 年 7 月 15 日，總計 431 次。該網站列出了前五名的比特幣知名批評者（Top Bitcoin Critics），他們分別是：彼得·希夫（Peter Schiff，18 次）、巴菲特（8 次）、經濟學家史蒂夫·漢克（Steve Hanke，8 次）、末日博士魯里埃爾·魯比尼（Nouriel Roubini，8 次）、摩根大通董事長傑米·戴蒙（Jamie Dimon，7 次）。然而，如果你在這 431 次都買了 100 美金的比特幣，這筆投資會在 2025 年 7 月變成 1.23 億美金的鉅款。我們來看看比特幣批評者怎麼說：

1. **華倫·巴菲特（Warren Buffett）**：股神巴菲特曾多次公開表達對比特幣的厭惡。他認為比特幣和其他加密貨幣「沒有內在價值」，並且將其視為投機性的資產。他曾經說過，比特幣「終將以悲劇收場」、「如果你購買比特幣，你就是在等待有人以更高的價格將其賣給你」。他更強調，比特幣不能像金礦一樣為經濟創造價值，這使得它無法成為真正的資產。

2. **查理·蒙格（Charlie Munger）**：蒙格是巴菲特的長期合作夥伴，也是比特幣的強烈批評者。他曾將比特幣與毒品類比，認為它是一種不道德的投資。蒙格認為，比特幣是一個短期暴利的誘惑，跟泡沫沒有兩樣。他說過：「我對比特幣的看法相當糟糕，我寧可把錢投入會給你回報的資產，而不是一個沒有任何內在價值的東西。」

3. **比爾·蓋茲（Bill Gates）**：微軟創辦人蓋茲也曾公開表達對比特幣的不信任。他指出比特幣的價格極不穩定，並認為它不會成為一種主流的支付工具。他強調，區塊鏈技術可能具有潛力，但比特幣並不具備相同

的價值。他曾這麼說：「比特幣的價格極其波動，這是一個非常糟糕的貨幣。」

4. **保羅・克魯曼（Paul Krugman）**：知名經濟學家克魯曼對比特幣也持批評態度。他認為比特幣並不能有效地作為貨幣，無法提供穩定的價值，並且對加密貨幣可能帶來的非法活動表示擔憂。他說：「比特幣是一場災難，並且毫無價值。」

5. **彼得・希夫（Peter Schiff）**：美國財經作家，也是知名的比特幣懷疑論者（兼黃金看漲派）。他認為比特幣不像黃金那樣具有內在價值和實際應用，因為它既不是一種實體商品，也沒有實際用途。他認為比特幣的價值完全來自於投機，投資者購買比特幣只因相信未來會有其他人願意支付更高的價格，並預測比特幣最終會歸零。

比特幣雖然不像黃金一樣，已經被人們使用了上千年，誕生至今也只有微不足道的短短 16 年，中間經歷過暴漲暴跌，但在 2025 年初看來，只要選擇買進並長期持有，就可以獲得數千數萬倍的回報。雖然極端支持者的「比特幣本位理論」、「永遠不要賣出你的比特幣」、「HODL」目前看來十分偏激，但是身為一般的投資者，我們可以選擇控制好自己總資產的曝險部位，例如 2% 到 10%，這樣一來，承受的風險反而比完全不投入比特幣的傳統投資者更低。萬一真如支持者所說，比特幣在（不遠的）未來漲到了 100 萬美金甚至更高時，希望我們都不會後悔曾經做過的決定。

Part 2
買賣加密貨幣的實戰教學

黃金是上帝的錢，比特幣是人民的錢

2-1 比特幣交易流程介紹

看了前一章所描述的比特幣未來願景，各位讀者是否對這個新興且神秘的投資市場蠢蠢欲動了呢？這一章就讓我們從買進第一顆屬於自己的加密貨幣為目標，學習所有幣圈新手必須了解的知識吧！

在比特幣交易所尚未蓬勃發展之前，一般人要獲得比特幣只有兩種方法：直接去挖礦，或是找到願意轉移比特幣給你的人進行「場外交易」（over-the-counter，OTC）。使用者可以在比特幣網站 Bitcoin.org 生成自己的比特幣錢包，也可以另尋其他錢包商免費提供生成錢包的服務。進行場外交易時，只要直接將「地址」貼給對方，他就能將比特幣轉給你。這個過程不需要任何分行代碼、國碼、身分認證等資訊，而這就是比特幣作為一種點對點的電子貨幣，最為去中心化的模式。然而，用法幣跟陌生人進行比特幣場外交易，其實承擔了巨大的安全性和信任度的風險。因此，現在除非大額交易或有特別原因，一般人買比特幣不會特別透過這種方式。加上現在詐騙橫行，若是收到來路不明的加密貨幣，也很有可能淪為詐騙的洗錢受害者或幫兇，甚至讓自己的戶頭受到凍結。至於挖礦取得比特幣這件事情，因為現在對於挖礦設備和電力及算力的需求競爭非常激

烈，個人挖礦者獨立挖到比特幣的機率已經跟中樂透差不多了。

2024年9月，台灣金管會的證券期貨局頒布了修正後的洗錢防制法，並在同年11月30日施行，未依規定向金管會完成洗錢防制登記者，不得提供虛擬資產服務。金管會網站也列出了目前已經通過審核的台灣加密貨幣交易平台，讀者在選擇交易所之前，一定要先查詢對方是不是列在表格上的正規平台。想要私下進行加密幣交易的讀者，也要小心別在網路上公開發文徵求，以免誤觸法網。

合規加密貨幣平台	經營品牌
現代財富科技有限公司	MaiCoin、MAX
跨鏈科技股份有限公司	ATRIX
鏈科股份有限公司	XREX
台灣芷荊有限公司	台灣芷荊
桑費斯特股份有限公司	ZomFast
幣世代科技股份有限公司	BSTYLE
幣託科技股份有限公司	BitoPro
禾亞數位科技股份有限公司	HOYA BIT
三川通證股份有限公司	BitstreetX
英屬維京群島商沃亨科技有限公司台灣分公司	WoHeng
權勢國際有限公司	Trains
萃科科技股份有限公司	
鴻朱數位有限公司	HzBit
彼雅特科技股份有限公司	Bityacht
拓荒數碼科技股份有限公司	ZONE Wallet
富昇數位股份有限公司	台灣大虛擬資產交易所 TWEX
絕對數位股份有限公司	Adigi

已完成洗錢防制法令遵循聲明之虛擬通貨平台。
來源：台灣金管會、中華民國虛擬通貨商業同業公會

中心化比特幣交易所的特點

對於加密貨幣的初學者來說，買賣加密貨幣最簡單的方法就是去一個合法的中心化交易所註冊（例如台灣最多人使用的幣託交易所和 MAX 交易所），把台幣匯到交易所（俗稱「入金」）之後，再用時價或是限價來買入加密貨幣，這個流程基本上跟買賣股票沒什麼差別。這個章節我們就來學習使用加密貨幣交易所有哪些該知道的事情，以下是我整理的一些常被問到的概念問題：

Q1：該選擇台幣交易所還是國際交易所？

大部分台灣幣圈投資人都有至少兩個交易所帳號，一個是能連結台灣的個人銀行帳戶，直接用台幣入金買幣的台幣交易所帳號，如 MAX 或 BitoPro（幣託）；另一個則是功能與交易深度更完善的國際級大交易所帳號，如幣安、OKX 等。由於這些國際大型交易所目前無法直接支援台幣與加密貨幣的交易（可以選擇用信用卡刷卡入金，但手續費很高，匯率通常也不好，所以不建議），所以大部分的台灣投資人都是先在台幣交易所用台幣買進美元穩定幣 USDT，再以加密貨幣的形式傳送到國際大型交易所帳戶，進行交易和其他理財投資。反之，如果在國際交易所獲利了結，想把加密貨幣轉回自己的台幣交易所和台幣帳戶內，則是將上述流程反向操作一次。

注意：在選定心儀的交易所之後，記得使用筆者的推薦註冊連結來註冊。我在每個交易所影片下方都會提供該所的註冊連結，可享手續費折扣 20% 的優惠。另外，讀者註冊成功之後，也可以找到自己的優惠連結，並推廣給朋友，讓自己享有介紹人的分潤。這個部分可以想像成幣圈交易

所為了推廣，會部分讓利給願意拍影片、寫文章、線下推薦朋友進入幣圈的行銷活動。不過，也有許多人因此當起了「帶單老師」，專門賺取介紹費和返佣，「老師」穩賺你的返佣手續費，不負責你的跟單盈虧，甚至會推薦不可靠的野雞交易所給你。所以進入幣圈的第一件事，一定是 DYOR（Do Your Own Research，做好自己的研究），為自己負責，這是投資最重要的事情。

另外，幾乎所有的幣圈交易所都會推出自己的平台幣，提供交易手續費減免，以吸引投資者樂意使用。國際大交易所推出的平台幣如幣安的 BNB、OKX 的 OKB 或是 Crypto.com 的 CRO，因為功能繁多，除了賺價差之外，還可以用來質押挖礦或是累積信用卡回饋等級，玩法多樣，也非常具有投資價值。關於 2024 年最新的以台幣購買加密貨幣的完整教學，也可以看我的這支影片，裡面有更詳細的註冊步驟。

台幣交易所教學

交易所	MAX	BitoPro
牌價手續費	平均 0.1%	平均 0.15%
平台幣	MAX	BITO
優惠手續費（平台幣支付）	平均 0.05%	平均 0.075%

兩大老牌台幣交易所的手續費比較，使用平台幣支付可享優惠

Q2：什麼是訂單簿式撮合交易？

大多數加密貨幣交易所就像提供買賣股票的證券交易所一樣，有眾多不同的「幣」可供買賣。交易所擔任平台，透過在訂單簿上「掛單」（Maker）與「吃單」（Taker），買賣雙方可以在平台上撮合交易。平台

透過這種交易方式賺取交易手續費，一般約在 0.05% 到 0.2% 之間。通常各交易所都會推出自己的平台幣（如幣安的 BNB、MAX 交易所的 MAX 或是幣託的 BITO），在下單之前，讀者也可以先購買平台幣使用來獲得手續費折扣。

Q3：什麼是加密貨幣的託管？

當用戶註冊交易所帳戶時，要設定自己的帳號和密碼，帳戶內會提供幾個「地址」（Address）供你使用（不同的區塊鏈會需要不同的「地址」）。當用戶需要轉進加密貨幣時，可以透過轉入這些地址來入金；當用戶需要轉出加密貨幣時，則在帳戶中直接操作，填上外部地址即可。值得注意的是，我們不會拿到這些地址真正的「私鑰」，因此，這些資金其實是託付給交易所協助管理。一個完整的錢包可以對接區塊鏈上的其他應用，但交易所帳號則無法做到，就是因為你沒有私鑰的緣故。這是交易所帳戶與錢包最大的區別之一，前者交易更方便，後者在管理資金上保有更大的自主權。

Q4：什麼是「交易對」？

「交易對」是加密貨幣交易所與證券交易所最大的差別之一。當我們買股票時，只會看到一個數字（法幣價格），沒有交易對的概念。因為不用說明，我們就知道這是台幣計價。但加密貨幣是無國界的投資標的，如果顯示每顆比特幣 5 萬塊⋯⋯那到底是 5 萬美元、歐元、還是台幣？為了標示清楚，每個幣的交易對就必須個別呈現，這一點讓不少新手吃盡苦頭：我只是想買個 BTC，交易介面怎麼顯示 BTC/USDT、BTC/BNB、ETH/BTC⋯⋯到底怎麼買？

不用擔心，新手只要記得一招就好：無論你想買什麼幣，就去找「那種幣／USDT」就可以了。斜線後方是「貨幣本位」，也就是用來說明每顆比特幣用美元計價多少錢、用台幣計算又是多少錢。斜線前方就是「你正在買賣的東西」啦！例如我想投資 BTC、ETH、DOGE，我就去找 BTC/USDT、ETH/USDT、DOGE/USDT 即可。USDT 是交易所內最常見的單位本位，幣價與地位等同於美元（更多「穩定幣」的介紹，可以參考本書 3-4），而 BTC/USDT 這個交易對則顯示了比特幣現在每顆值多少美元。當然，在台幣交易所我們需要用台幣兌換 USDT，那麼你要找的就是 TWD/USDT。

交易市場	最新價	24h 漲跌
USDT / TWD 成交量 11,474,331.34	30.243 USD≈ 1.00	+0.51 %
BTC / TWD 成交量 50.65700000	3,269,999.9 USD≈ 109,077.87	-1.75 %
ETH / TWD 成交量 1,607.463000	77,130.2 USD≈ 2,572.84	-3.71 %
BTC / USDT 成交量 32.487600	108,083.33 USD≈ 109,036.65	-2.25 %
ETH / USDT 成交量 1,208.67800	2,552.03 USD≈ 2,574.53	-4.13 %

MAX 交易所顯示的常用交易對

Q5：什麼是 KYC、AML？

　　台灣與多數國家都要求中心化的加密貨幣交易所必須為用戶完成 KYC，也就是先通過「身分認證」（了解你的客戶，Know Your Customer）。這是各國法律的基本規範，目的是為了避免洗錢等不法用途。在註冊交易所帳號時，交易所會要求用戶提供身分證正反面照片等個人資料，除了身分證、護照之外，也常見包含地址的水電費帳單或是拿著證件照片拍大頭照之類。如果對於將個資交給加密貨幣交易所感到不放心，可以在上傳的證件照片打上「僅供 XXX 註冊用」的浮水印。

　　除此之外，反洗錢（Anti-Money Laundering，AML）也是各國政府和交易所越來越重視的部分。越是合法合規的中心化大型加密貨幣交易所，因應所在國家政府要求，對於 KYC 和 AML 的管控力道也會越趨加強。

　　例如這兩年，台幣交易所有時會發生使用者在轉出加密貨幣到國外，或從國外交易所轉回要換成台幣時，大筆資金（通常單筆 50 萬台幣以上）被交易所「風控」（風險控制）管制，必須提交資金來源等資料才能放行的情況，這通常是為了符合政府要求的「反洗錢」規定。

　　如果讀者不想透露太多自己的身分資訊並想保持交易的隱私，也可以選擇使用「去中心化交易所」（Decentralized Exchanges，DEX），因為 DEX 不需要傳統的註冊流程和繁瑣的實名 KYC。但 DEX 需要使用者擁有更多的區塊鏈知識，畢竟一旦發生操作錯誤，沒有服務人員可以幫你找回資產，所以建議還是先學習中心化交易所的流程之後再鑽研本書後面會提到的 DEX、Web3 或冷錢包的服務，學會保管自己的數位資產。

Q6：什麼是「即時交割」？

　　加密貨幣的交易不像台灣股市有所謂 T+2 的制度。加密貨幣的交易都是當下直接完成，這也代表我們必須先「入金」（預先將錢轉到加密貨幣交易所提供的個人帳戶中），才能去交易買到我們要的幣。而且幣圈的交易所都是 24 小時全年無休，不同於傳統股票交易所有開盤時間和休市時間。補充說明：所謂的 T+2 制度，是指買進股票時，要在成交日（T 日）後的第二個交易日（T+2 日）早上 9 點前，把足夠的現金匯入銀行的交割帳戶，如果帳戶的錢不夠，就會造成違約交割，導致使用者信用破產而惹上麻煩。

Q7：購買加密貨幣是合法的嗎？目前的政府監管情況為何？

　　在加密貨幣發展的早期，多數政府並沒有意識到這種新興資產的監管和課稅，不過隨著使用者越來越多，相關法規也陸續在制定之中，有越來越多交易所完成各國政府的金融監管程序，甚至在當地股票市場上市，例如 Coinbase 和 Robinhood 就是合法合規且在那斯達克上市的美國交易所。台灣的金管會也在網站上列出了已完成洗錢防制法令遵循聲明的台幣交易所，其中就包含了我們所熟知的 BitoPro（幣託）和 MAX 交易所。此後，個人或公司透過私下交易（OTC，場外交易）的方式交易貨幣，可能就會觸犯台灣的洗錢防制法。

Q8：購買加密貨幣會被政府課稅嗎？

　　這是許多投資者非常關心的議題，若投資加密貨幣獲利，是否需要繳稅給台灣政府呢？由於目前還沒有明確的白紙黑字法規，所以關於這個

問題，筆者會以我的會計師和國稅局的實務往來為原則作答。答案是：原則上加密貨幣的獲利應該要納入綜合所得稅，只是目前還沒有人真的被徵收。

另外還有一個加密貨幣投資人常見的認知是，在國外交易所賺到的錢，若用 USDT 匯回台灣交易所再賣掉換成台幣，應該適用個人每年海外所得的扣除額共 750 萬元（超過以稅率 20 % 計算）。關於這一點會計師的建議是，若這個獲利是發生在海外的交易所，就可以享有海外財產交易所得 750 萬的免稅額。但要注意保留紀錄和入金的成本證明，萬一之後國稅局來查帳，要能夠證明這筆獲利是在國外交易所發生的（如果這筆錢是本金甚至虧損，也要提供證明才能扣除）。再次重申，由於國稅局也還沒有夠多的實際案例和明文法條，所以上述回答也是僅供參考。

另外，若真的在海外交易所賺太多錢，也可以考慮使用加密貨幣信用卡在當地直接把錢花掉，不用換回台幣出金，避開稅收問題。知名國際交易所如 Bybit、Bitget、Crypto.com 或是香港的 RedotPay，都有和 Visa 或 Mastercard 合作推出聯名信用卡，只要將 USDT 儲值到信用卡帳戶就可以直接利用加密貨幣來消費，甚至可以在國外的 ATM 提領當地法幣，更符合比特幣作為「支付工具」的使用概念。不過，使用加密貨幣信用卡（通常以 USDT 結算，所以又稱為 U 卡）需要注意刷卡手續費（通常屬於國外刷卡消費）和美金匯率，刷卡回饋也是要注意研究各大交易所的相關規定。

Q9：聽說各國的不同交易所會有報價差異？

由於比特幣可以在世界各國的任意交易所進行買賣，但沒有人有

權力定義當下的價格，這讓不同國度、不同交易所內的比特幣價格都可能存在價差，也讓投資者有了套利的空間，稱為「搬磚套利」（crypto arbitrage）。這個問題在過去比較嚴重，如今隨著市場機制趨於完善，價差問題已經很不明顯。

不過在2024年12月3日晚間，由於韓國總統尹錫悅突襲發布戒嚴令，令韓國最大交易所 Upbit 出現區域性的爆量下跌，與國際平台出現明顯價差。這樣的短暫價差也使套利交易者有了投機的套利機會。不過在平時，由於韓國投資人特別熱衷於交易加密貨幣，因此經常出現所謂的「泡菜溢價」（Kimchi Premium，指韓國加密貨幣交易所的比特幣價格高於全球其他交易所的價格）。

Q10：什麼是「去中心化交易所」（DEX）？

在以太坊與其他區塊鏈上，透過智能合約，現在已經有許多無須許可的去中心化加密貨幣交易所可供使用。只要支付一點鏈上手續費給礦工，再加上各個平台的交易手續費，每個人都可以在無須提交任何個資，也不必花時間尋找可信賴交易對象的環境下，在區塊鏈上完成加密貨幣的買進與賣出。這個模式比較適合已經熟練區塊鏈錢包操作的朋友，對新手而言，中心化的交易所還是容易一些。更多關於 DEX 的介紹，可以參考本書 2-6。

2-2
主流中心化交易所介紹

在投資加密貨幣之前，最重要的不是找到會漲的幣，而是使用值得信賴的平台。筆者聽過許多因為誤信網友推薦而註冊了詐騙的假交易所，導致最後血本無歸的案例。除了避開純屬詐騙的假交易所，就算是市占名列前茅，看起來合規合法的交易所，也會有在數天內因為流動性異常或挪用用戶資產卻投資失利而捲款跑路的風險，例如 2022 年倒閉的 FTX 交易所暴雷事件（請見本書 3-3）。為了保護自己的數位資產，最保險的方法還是將加密貨幣移轉到自己掌握私鑰的冷錢包（請見本書 2-7）或是熱錢包（如 Web3 錢包），這就是幣圈人常說的：「不掌握私鑰，就不是真正擁有幣。」（Not your keys, not your coins.）

入門必備：國際交易所＋台幣交易所

不過，對新手而言，使用中心化的交易所買幣還是相對簡單與直覺許多。而挑選中心化交易所最簡單的方式，就是從公正的第三方資訊站提供的數據來判斷。本章節資訊來自兩大幣圈主流資訊平台 CoinGecko 與

CoinMarketCap。除了看這兩個網站的綜合排名之外，也可以關注如用戶人數、每 24 小時交易金額和「資產儲備證明」（Proof of Reserve），了解交易所是否有挪用用戶資產的異常情形。如果讀者們將來在網路上得知其他平台，也可以前往這兩個資訊站查找相關資訊。

# ▲	交易平台	Trust Score ⓘ	24 小時交易量 (標準化)
1	幣安	10/10	US$14,115,548,687
2	Bybit	10/10	US$4,123,789,348
3	OKX	10/10	US$3,837,178,882
4	Bitget	10/10	US$3,828,145,124
5	Coinbase Exchange	10/10	US$3,086,144,716
6	Crypto.com Exchange	10/10	US$2,248,606,491
7	Kraken	10/10	US$1,318,283,016
8	KuCoin	10/10	US$787,451,247

2025 年 5 月 24 日，全球中心化現貨交易所排名。來源：CoinGecko

通常台灣的幣圈投資者會至少選擇一間國際型的交易所（可買幣種較多、進階功能和玩法較多，例如幣安、OKX、Bitget 等）為主要帳戶，再搭配註冊一間台灣本土台幣交易所。前者為主要買幣和進行進階交易，後者則是方便連結台灣的銀行帳戶和用台幣入金（將錢存入交易所買 USDT 或主流幣）和出金（將加密貨幣換成台幣回到銀行帳戶），例如本篇最後提到的兩家老牌台幣交易所，分別是「幣託」（BitoPro）和 MAX 交易所。讀者在熟悉了中心化交易所的操作之後，可以再考慮使用更自由的「去中心化交易所」（DEX）、Web3 錢包和冷錢包。

1. 幣安 Binance

www.binance.com

平台幣：BNB（可抵手續費）。性質：國際交易所。特色：現貨交易、衍生品交易、活期理財、Launchpool（新幣挖礦）、Web3 錢包。

幣安於 2017 年 7 月成立於香港，僅花了 180 天就成為全球交易量最大的加密貨幣交易所，且持續稱霸龍頭多年直到 2025 年初。根據 2025 年初的統計，幣安每日交易量可達 650 億美金，全球用戶高達 2.6 億人。創辦人趙長鵬（簡稱 CZ，華人區暱稱「大表哥」）是加拿大籍華人，曾擔任 Blockchain.info（現為 Blockchain.com）開發主管與 OKCoin 的首席技術長。幣安提供的服務包山包海，除了基本的現貨交易、合約交易、衍生性商品交易，也有量化投資、放貸收益、合約機器人、NFT、新幣挖礦、Web3 錢包等進階玩法。可以說是加密貨幣各種玩法集大成的平台。

作為長年位居全球中心化交易所的龍頭，2025年初時，幣安上可交易的幣種超過465種，且都經過嚴謹審核，許多項目甚至會將自己的幣「上架幣安」視為一大里程碑。如果讀者想要進入加密貨幣的世界，幣安絕對是初級或進階投資人不可錯過的平台。

2.OKX

www.okx.com

平台幣：OKB（可抵手續費）。性質：全球主流交易所。特色：衍生性商品業務、Web3錢包。

全球交易量排名前三的「歐易交易所」（OKX，前身為OKEx，2017年創立）設立於東非印度洋上的島國塞席爾（Seychelles）。OKX的創辦人為徐明星（Mingxing "Star" Xu），他是北京科技大學應用物理學士，從2013年起一直在為區塊鏈技術奮鬥，專注於去中心化和DeFi領域，這也是OKX致力發展的方向，例如他們的OKX錢包就宣稱是「通往Web3的入口」。在FTX暴雷倒閉之後，OKX是全球第一間提出儲備金證明的交易所。OKX除了具備中心化交易所的完善功能之外，Web3的自託管錢包也是讀者在學習加密貨幣的去中心化功能時非常適合的入口網站。

OKX操作全攻略

3.Bitget

www.bitget.com

平台幣：BGB。性質：全球主流交易所。特色：合約交易、一鍵跟單。

Bitget 交易所於 2018 年在新加坡創立，在全球 150 個國家擁有 1 億用戶。特色是擁有非常完善的各式理財工具，例如 AI 機器人、Launchpool 新幣挖礦、雙幣理財、質押賺幣、理財寶……等等應有盡有。除此之外，Bitget 對於客戶安全也十分重視，設立了高達 3.5 億美元的投資者保護資金，目前不曾被駭客成功入侵過。交易所有 835 種幣種的現貨交易，涵蓋多種迷因幣和小幣。另外 Bitget 也有針對 VIP 用戶推出申請虛擬和實體信用卡，想利用信用卡出金消費的讀者可以自行研究。如果讀者對於 Bitget 的各種交易功能有興趣，不妨看看我拍的這支教學影片。

Bitget 交易所教學

4.Bybit

www.bybit.com

平台幣：無。性質：全球頂尖交易所。特色：現貨交易、衍生品交易、加密貨幣信用卡。

2018 年成立的 Bybit 交易所，是目前世界交易量第二大的交易所，目前總部設於杜拜，使用者超過 6,000 萬人。Bybit 創辦人為 Ben Zhou，兼

現任 CEO。Bybit 的衍生品交易量僅次於幣安交易所，提供超過 200 種以上的合約交易對。

另外 Bybit 也有推出和 Mastercard 合作的優享支付卡，是一張只要預存 USDT 進去就可以在世界各地消費的金融卡片，虛擬信用卡可以配合綁定 Apple Pay 等數位支付，免去用法幣出金的繁瑣程序和稅務問題。

2025 年 2 月 21 日，Bybit 遭受北韓駭客攻擊多簽冷錢包，被盜總金額達 14.4 億美元（含 401,347 個 ETH 和 stETH 質押代幣），這也是傳統金融和加密貨幣史上最大金額（以美金計價）的金融機構被盜事件。事發後 Bybit 遭受客戶大量擠兌，一夕之間面臨超過 24 億美金的提款請求，不過 Bybit 只短暫停止提幣就迅速恢復正常，其他功能也都正常運作，成功穩定了流動性，也沒有讓客戶因此蒙受損失。

5.Coinbase

www.coinbase.com

股票代號：COIN（那斯達克）。性質：美國主流交易所（台灣未開放交易）。特色：現貨交易。

2012 年成立於美國，Coinbase 是歷史最悠久的交易所之一。2021 年 4 月，Coinbase 在那斯達克敲鐘上市，成為史上第一間在美國上市的加密貨幣交易所（NASDAQ 代號：COIN）。Coinbase 創辦人布萊恩・阿姆斯壯（Brian Armstrong）是幣圈的指標性人物，也是託管式加密貨幣平台的早期開拓者。

作為美國第一大的合規加密貨幣交易所，Coinbase 的可交易幣種約只有 283 種，比幣安更嚴格的審核，也讓「初上架 Coinbase」的幣成為眾人搶買的標的。此外，Coinbase 主要提供現貨交易，在衍生品市場上的服務較少。不過因為 Coinbase 受到美國證券交易所的監管，所以對於各種合法合規的用戶有許多規定。Coinbase 國際版於 2023 年下旬曾經停止台灣用戶的註冊和帳戶，到了 2024 年中又重新開放。基於前述對於海外使用者的限制，目前台灣用戶並不太推薦使用 Coinbase。

值得一提的是，作為美國最大加密貨幣交易所的 Coinbase，不僅是第一間在美股上市的加密企業，也在 2025 年 5 月入選了標普 500 指數成分股。這是首次有加密企業進入這個傳統金融世界最具指標性的指數。

6.Crypto.com

crypto.com/exchange

平台幣：CRO。性質：全球主流交易所。特色：加密貨幣金融卡、放貸收益、法幣入金。

2016 年成立於香港，Crypto.com 是一家同時專注於加密支付與交易的加密貨幣平台。儘管多數人更熟悉的是它的加密貨幣金融卡，Crypto.com 的交易額也在眾多交易所中名列前茅。CEO 暨共同創辦人克里斯・馬薩雷克（Kris Marszalek）是知名創業家，2016 年後全力投入加密貨幣產業。Crypto.com 也擁有美國和歐洲多國的合法交易所牌照。

喜歡美國職籃的讀者應該知道 NBA 洛杉磯湖人隊的主場史坦波中心

（Staples Center），在 2021 年底已經被 Crypto.com 以 7 億美金買下 20 年的冠名權，就叫做「加密貨幣網體育館」（Crypto.com Arena）。

Crypto.com 加密貨幣信用卡的特色如下：

1. 屬於預付（prepaid）卡片，額度上限取決於預先轉進去的加密貨幣金額。
2. 凡是支援 Visa 信用卡的商家皆可支付。
3. 可以在全世界的 ATM 領取當地法幣現鈔。
4. 可以享受不同等級的信用卡回饋（根據卡片等級，回饋最高為 5%）。
5. 若需等級較高的信用卡回饋，需購買並鎖倉 CRO 代幣 12 個月，期間須承擔代幣下跌或上漲的風險。
6. 若不想承擔鎖倉 CRO 代幣的風險，市面上也有其他廠商推出加密貨幣信用卡的服務，例如 RedotPay 的 Visa 信用卡或是 Bybit Card 的 Mastercard，申請方法較為簡便且無需質押鎖倉，但缺點就是沒有回饋和需收取國外刷卡手續費。讀者可以自行多多比較。

可以在全球消費和提款的 Crypto.com 加密貨幣信用卡

7.Kraken

kraken.com

平台幣：無。性質：全球主流交易所。特色：現貨交易、監管核可。

2011 年成立於美國，Kraken（俗稱「海妖交易所」）是目前歐元區交易量最大的加密貨幣交易所。儘管在台灣幣圈社群聲量較小，Kraken 在國際上有不亞於 Coinbase 的重要性。2020 年 9 月，Kraken 取得了美國首張 SPDI 牌照，這張牌照的意義是讓 Kraken 在法律上具有等同於美國銀行的金融機構地位。

雖然 Kraken 並不是台灣交易者使用的外國交易所首選（通常還是會選幣安），但是因為 Kraken 和後續會提到的 Bitfinex 都有提供法幣美金直接電匯到台灣區銀行的出金方式，所以很多交易者基於稅務考量（海外收入 750 萬台幣免稅額），也會註冊 Kraken 作為大額海外出金電匯回台灣的選擇。幣安目前則無提供法幣的電匯出金，所以若要在幣安出金回台灣，需要先將 USDT 或 BTC 等加密幣轉回台幣交易所如 MAX 或 BitoPro，然後再兌換成台幣，而這一過程很有可能被認定為在台灣本地產生的個人收入，增加未來補稅的機率。

8.Gate.io

www.gate.io

平台幣：GateToken（GT）。性質：全球主流交易所。特色：幣種多、

上架快。

Gate.io 是一家成立於 2013 年的中心化加密貨幣交易所，總部位於開曼群島，原名 Bter.com（比特兒），2017 年因中國禁止法幣交易而更名為 Gate.io（暱稱「芝麻開門交易所」）。它以支援超過 3,800 種加密貨幣、低手續費和多元化交易產品聞名，服務全球超過 2,300 萬用戶。其平台幣 GateToken（GT）用於手續費折扣和生態激勵。

Gate.io 交易所的特色是上架小幣的數量很多又很快，幾千種山寨幣任你交易，跟許多主打上幣嚴格審核的大交易所形成強烈對比。因曾經早於其他交易所上架了熱門的代幣「SUSHI」，讓不少用戶賺得盆滿缽滿，一戰成名。

9.MEXC

www.mexc.com

平台幣：MX。性質：全球主流交易所。特色：小幣上架快、手續費低廉。

MEXC（暱稱「抹茶交易所」）是一家於 2018 年 4 月在新加坡成立的中心化加密貨幣交易所，註冊地點在塞席爾（Seychelles），以低手續費、多樣化的代幣選擇和頻繁的空投活動聞名。MEXC 在全球超過 200 個國家（包括台灣）提供服務，支援現貨、期貨、槓桿 ETF 等多種交易產品。MEXC 提供多達 2,962 個現貨幣對和 1,203 個合約幣對。跟 Gate.io 一樣主

打上幣快又多，曾經快速上架當時還沒沒無聞的柴犬幣（SHIB）和川普幣（$TRUMP），讓使用者大賺一筆。另外抹茶交易所還以極低的交易手續費聞名，現貨交易手續費為 0.1%，期貨交易則低至 0.02%（Maker）和 0.06%（Taker），可以說是業內最低了，持有平台幣 MX 還可進一步降低手續費。

10. 派網 Pionex

www.pionex.com

平台幣：無。性質：全球量化交易所。特色：量化交易。

2019 年成立於新加坡，派網（Pionex）是一個由加密貨幣服務商幣優（BitUniverse）孵化的交易所。幣優創辦人陳勇同時也是金山軟件總裁，投資人包括小米執行長雷軍。派網在台灣討論度較高的其中一個原因是他們當年主打的量化交易是其他交易所比較少見的。常聽見的「網格交易」、「期現套利」等由機器人代為操作的策略就是他們主打的服務。2025 年，派網也與 Visa 合作，推出了加密貨幣簽帳卡 Pionex Card，讓用戶可以直接在全球支援 Visa 的店家支付加密貨幣。

派網合約網格教學

11. Bitfinex

www.bitfinex.com

平台幣：LEO。性質：全球主流交易所。特色：放貸服務、槓桿交易。

2014 年成立於英屬維京群島，Bitfinex（俗稱「綠葉交易所」）最廣為人知的服務並非交易平台，而是放貸服務。用戶可以在平台上成為借方賺取槓桿報酬，也可以作為貸方放款收息，關於放貸收息的實際操作，請見本書 4-4。值得一提的是，Bitfinex 創辦人方雋哲還是個台灣女婿，也曾在台灣設有辦公室。

發行全球流通性最高的美元穩定幣 USDT 的 Tether 公司，正好是 Bitfinex 母公司 iFinex 旗下的公司，兩者關係密不可分。過去 USDT 陷入洗錢與其他監管麻煩時，Bitfinex 往往也會受到牽連（目前並未發生什麼問題）。

12. BitoPro（台幣交易所）

www.bitopro.com

平台幣：BITO。性質：台幣交易所。特色：台幣入金、債權認購。

2018 年成立的幣託（BitoPro）是台灣人最常使用的加密貨幣交易所之一。創辦人鄭光泰也是台灣老牌比特幣錢包與買賣平台 BitoEX 創辦人。BitoPro 是支持台幣入金的主要交易所之一，平台中提供 30 種加密貨幣交易對，並且推出債權認購平台提供用戶簡易被動收益來源。此外，BitoEX 與台灣的全家便利商店合作，一般民眾可以在全家直接購買加密貨幣，甚至收集全家的點數也可以兌換 BTC，非常有趣。

13. MAX（台幣交易所）

max.maicoin.com

平台幣：MAX。性質：台幣交易所。特色：台幣入金、實體店面。

2018年成立的MAX交易所是台灣人愛用的加密貨幣交易所之一。創辦人劉世偉同時也是台灣老牌數位貨幣服務商MaiCoin集團創辦人，MAX是目前支持台幣入金的主要交易所之一。MAX提供19種加密貨幣交易對，且有與遠東銀行合作的新台幣信託，為消費者資金安全把關。此外，MAX也是台灣第一間開設實體門市的加密貨幣交易所，地點位於台北市中正區。

2-3 幣託交易所教學（台幣出入金）

目前世界最大的加密交易所幣安（Binance），並沒有直接提供台幣入金的功能，而選擇用信用卡買幣或 Apple Pay 等行動支付入金，則會有國外刷卡額外手續費和匯率的問題，只適合首次想小額交易試水溫的新手，當入金的金額越龐大或越頻繁，就會越來越不划算。因此，多數台灣的幣圈投資人，至少都有一個台幣交易所帳戶用來完成台幣的入金、出金，將台幣換成加密貨幣（通常是 USDT）後再轉到幣安等大型交易所進行其他投資。等到獲利了結之後，再從國際交易所將加密貨幣轉回台幣交易所，賣掉換成台幣法幣，匯進自己綁定的台幣銀行約定帳戶裡。所以建議讀者在一開始就要把台幣交易所的出入金戶頭綁定並設立好「約定帳戶」（方便大額轉帳），讓整個購買過程更加流暢。

目前台灣主流的加密貨幣交易所就是「幣託」（BitoPro）和「MAX」。這兩家交易所都是成立於 2018 年，也都經過了 3 輪以上的牛熊轉換考驗，並接受台灣金管會的監督，交易手續費也會開發票。本章節就來介紹 BitoPro 的操作與註冊須知。

認識幣託交易所

　　BitoPro 交易所成立於 2018 年，是台灣老牌比特幣錢包與買賣平台 BitoEX 孵化的交易所項目。前身 BitoEX 是類似買幣兌換所的存在，等於商家先買進比特幣，再加價賣給消費者。現在的 BitoPro 則已經是成熟的交易所，提供使用者類似股票撮合的機制，收取的是交易手續費，買幣價格也更加公開透明。

　　比起幣安等國際主流交易所主要專注在交易與功能的全面性，BitoPro 主打讓台灣人能更容易投資比特幣的服務。因此，即使站內只有數十種主流加密貨幣的交易對，仍有一個最大特色就是與全家、萊爾富等大型超商合作，包括直接在超商掃碼 App 結帳就能買比特幣，以及全家點數直接轉換成幣託錢包的比特幣、以太幣等服務。只要手上持有幣託帳戶與 App，投資比特幣可以像在超商消費一樣簡單，大大降低了新手小白的投資門檻。

　　風險提示：2025 年 5 月 8 日幣託發生重大資安事件，遭駭客攻擊多個熱錢包，損失估計約 1,150 萬美元。這件事直到 6 月 2 日才被區塊鏈偵探 ZachXBT 揭露，雖然引發暫時性恐慌，不過並沒有引發大規模擠兌，用戶的權益沒有受到此事件的影響，台灣的金管會證券期貨局也會介入後續調查。此事件再度提醒我們中心化交易所的風險，讀者該如何保護自己的加密貨幣，在本書的 2-7 和 3-3 會有更多介紹。

註冊 BitoPro 交易所

Step 1：下載 BitoPro 的 App（或用網頁版）

和幣安相同，幣託也有推出專屬的手機版 App。讀者可以按照自己的習慣選擇網頁版（www.bitopro.com）或是手機版。

幣託的 App，下載時要注意開發者和評分，避免下載到假的 App

Step 2：信箱註冊＋手機驗證

BitoPro 的註冊要求用電子郵件。註冊時在「推薦人 ID」填上筆者的推薦碼「20OFF」，可以獲得 20% 交易手續費優惠。

Step 3：通過身分認證＋綁定銀行帳戶

為了因應台灣法規要求與落實用戶交易安全，BitoPro 需要每一位用

戶完成身分與銀行認證才能開始入金與交易。這裡的身分驗證是每個中心化交易所都需要的 KYC 步驟：填寫個人資料、上傳身分證正反面、地址，再完成手機和郵件的簡訊認證。

　　接著，就是進行台幣交易所獨有的銀行帳戶綁定與驗證，完成之後才可以開始入金。綁定銀行這裡需要輸入你自己的銀行帳戶和存摺照片，官方審核時間約 5 到 7 個工作天。審核完成之後，就可以在幣託 App 的「首頁→資產→加值→ TWD →銀行匯款」找到每個人專屬的一組虛擬台幣入金帳戶。

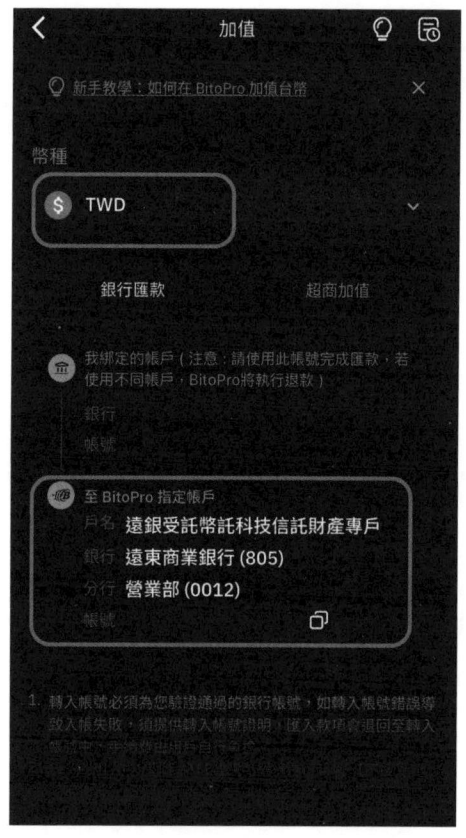

完成銀行帳戶綁定後，幣託會給每個用戶一組專屬的台幣入金虛擬帳戶

綁定幣託的銀行帳戶注意事項：

1. 幣託個人虛擬入金帳戶是與遠東銀行合作，所以若你綁定的帳戶也是遠東銀行，就可以省下每次入金 15 元的手續費。順帶一提，MAX 交易所也是和遠東銀行合作。
2. 之後每次要入金到個人專屬的幣託虛擬帳戶，只能用這個預先綁定的帳戶，不能用其他的銀行帳戶入金。
3. 若想提高單次或單日的入金額度，記得去你的銀行將這個專屬的幣託遠銀虛擬入金帳戶設定為「約定帳戶」。

台幣入金和出金

　　幣託的台幣入金流程非常直覺。在首頁的「資產」選擇「加值」，接著在「幣別」選擇台幣「TWD」就可以選擇匯款或超商加值的方式轉台幣進幣託帳戶內。如果需要將台幣轉回你的銀行帳戶，則可以選擇「提領」，幣別一樣選擇 TWD，就能簡單地將帳戶內的台幣轉至綁定的銀行帳戶了。

　　台幣入金後，就可以從交易所內部的「XXX/TWD」交易對選擇想投資的加密貨幣囉。當然，當你買到加密貨幣後，就能透過「提領」選擇該幣別的加密貨幣至其他區塊鏈上的平台了。相關操作可以參見下個章節關於幣安（Binance）的文章。

如何節省交易手續費？

　　與多數加密貨幣交易所相同，幣託有發行自己的平台幣 BITO。在開始交易其他加密貨幣之前，建議先買一點 BITO 幣，並且設定「個人→進階設定→開啟『BITO 支付交易手續費』（20% 折扣）」，就能在之後的每一筆交易使用 BITO 幣來支付必要手續費，並且節省 20% 的費用！

　　如果你不是想投資 BITO 幣的漲跌，可以只預買足以支付手續費的 BITO 幣。此外，滿足足夠的 BITO 持倉量或是交易額夠高，也能額外減免更多手續費。

　　對於加密貨幣開戶和購買流程還不太熟悉的新手讀者，也可以先看我這支影片，裡面有幣託的註冊流程以及台幣購買加密貨幣的詳細教學。

台幣買幣完整教學

2-4
國際主流交易所教學：幣安

在台幣交易所入金並買到加密貨幣（通常會選擇最通用的美金穩定幣 USDT）之後，我們就能暢遊全球的加密貨幣交易所或區塊鏈平台了。雖然各國法幣的交易與轉帳規範不一，但區塊鏈卻是四海一家、規則一致。任何平台的加密貨幣轉帳都應該是自由、即時、且不需要額外抽取手續費的（僅需礦工費）。對於新手而言，最需要的就是一個安全可靠，服務與玩法多元的主流交易所。本章節就來詳細介紹功能最齊全的全球交易所龍頭「幣安」（Binance）。

認識幣安

幣安交易所成立於 2017 年 7 月。起初公司註冊於香港，後因中國監管關係而將伺服器轉到日本。幣安創辦人趙長鵬是加拿大籍華人，曾任 Blockchain.info 開發主管與《彭博社》技術總監等職。他的 X 帳號有超過 300 萬追蹤，在幣圈是舉足輕重的人物。從 2018 年開始，幣安已號稱平台交易額達到世界第一，在 2025 年初用戶數高達 2.6 億，不管是每日交易量

或使用者人數，都長年占據規模最大的中心化交易所之首。

2019 年 5 月，幣安曾發生重大資安事件，因遭受駭客入侵損失了當時市價約 4,100 多萬美元的 7,000 多顆比特幣（約占幣安儲存總量的 2%）。幣安隨即發表聲明，承諾會以自家的「用戶資產保障基金」承擔損失，所有損失的用戶可以獲得全額賠償。這一舉動證明了幣安對用戶資產的保障充足，負責任且誠意十足。因為在加密貨幣十多年的歷史上，交易所被駭事件的結局通常都是交易所無法償還客戶資產，宣告破產倒閉或纏訟多年，導致用戶蒙受巨大損失。短短十數年間就有 2014 年的 Mt. Gox 事件、2019 年的幣寶事件、2022 年的 FTX 倒閉事件和 2025 年初最新的 Bybit 高達 14 億美金的 ETH 失竊事件（此事件並無造成用戶損失）。所以不管選擇了多大的交易所，筆者必須提醒讀者，把自己的資產交給中心化的交易所保管仍然存在風險。如果短期內沒有頻繁交易的需求，最安全的儲存工具是不連網的「冷錢包」或是自己保管私鑰的 Web3 錢包。

幣安的平台幣 BNB 同時也是主流公鏈「幣安智能鏈」（Binance Smart Chain，BSC）的原生加密貨幣。BNB 不只能在幣安交易所內作為新幣發行的抽籤、交易手續費折抵使用，還承載著整條 BSC 區塊鏈的運作，是功能性極強的功能型代幣。因此，BNB 市值始終維持在前五位，位列交易所系列幣價與市值最高。

幣安的服務多元，團隊技術強大。只要加密貨幣市場新技術與玩法一出現，幣安就會迅速跟進。從 2017 年最火紅的 ICO，到後來的合約交易、DeFi 流動性挖礦、NFT 平台、Launchpool 新幣挖礦、Web3 錢包等等，在幣安都有一站式的服務可供用戶使用。

註冊幣安帳號

想要進入加密貨幣的世界，註冊幣安可以說是入門的第一步。幣安除了提供網頁版，還有 iOS、Android 與 Windows、macOS 等電腦版 App 可以下載（推薦使用 App，好用很多）。接著就用手機版示範註冊，也可以搭配參考筆者的 YouTube 影片。

註冊幣安教學

Step 1：下載幣安 App

至幣安官網（binance.com）選擇您手機版本的 App，小心別下載到假冒的。也可以在 App Store 或 Google Play 找到幣安 App。

Step 2：選擇手機或信箱註冊

常出國的讀者可以用信箱註冊，這樣到了國外換門號也能打開。可以填寫筆者的推薦碼「V4ZNVJQ3」，用了這個推薦碼後，之後所有的現貨交易都有永久的 20% 返現，等於所有交易手續費直接打 8 折。

Step 3：完成身分認證（KYC）

為了確保交易安全，幣安要求所有用戶必須完成 KYC，也就是身分認證。點選 App 左上的「人像」（個人資訊），進入右上角的個人認證，接著就跟隨 App 的步驟完成「基礎認證」、「身分證認證」和「臉部辨識驗證」。

接著，再到「個人資訊」中的「安全」設定其他驗證。這些驗證是

所謂的「雙重認證」（two-factor authentication，2FA），目的是避免有人盜用一組密碼就能隨意轉出你的資金。幣安規定至少開啟一項雙重因素認證。建議可以在「電子郵件驗證」、「Google 驗證」、「簡訊二次驗證」中選擇兩個或三個，確保安全性。

入金：將台幣換成 USDT 再轉入幣安

完成註冊帳號和基本的個人認證之後，接著就來學習如何從別的錢包或交易所直接將加密貨幣轉到幣安的帳號。各個平台的轉帳規則大同小異，以下介紹的方法也適用於其他幣「地址到地址」的轉帳。

Step 1：找到你的加密貨幣地址

如同外匯與台幣需要以不同的帳戶存放一樣，不同加密貨幣也需要不同的「地址」來存放。而一種加密貨幣可能同時適用不同區塊鏈的地址，因此新手轉帳時需要特別注意。

舉例來說，想要儲值 USDT 到幣安，我們要先找到幣安帳戶裡專屬於自己的 USDT 地址。從幣安 App 點進首頁下方「資產→現貨→添加資金→鏈上儲值→ USDT →選擇網路→ TRC20」就可以看到專屬於你的 USDT 地址，這會是一長串英文和數字混合的字串，同時也會以 QR 碼呈現。使用地址時可以單純複製貼上字串給轉帳方，或是請轉帳方用裝置掃描 QR 碼。

以最常轉帳使用的 USDT 為例，幣安的 USDT 支援 ERC20、TRC20、BEP2、BEP20 等多種地址。這些地址的差別在於，它們屬於不同

條區塊鏈。ERC20 屬於以太坊，TRC20 屬於波場，而 BEP20 屬於幣安智能鏈 BSC 等等。使用不同的區塊鏈轉帳所需的到帳時間和手續費也會有些微差異，讀者可以選擇當下最划算的來使用。重點是，轉出這筆 USDT 的交易所（例如幣託）和接收這筆 USDT 的交易所（例如幣安）都要有支援那條區塊鏈才行。

儲值時要先在交易所中找到專屬你的轉帳地址，注意轉出方和轉入方的地址幣種（USDT）和網路（TRC20）必須一致

我們在轉帳時需要注意的是，「轉出的鏈」是否選擇與「轉入的地址」相同的鏈。比方說 USDT 大家愛用的是 TRC20，那麼我就複製我的 TRC20 地址（TBUTe9………j4nf）。

選擇網路

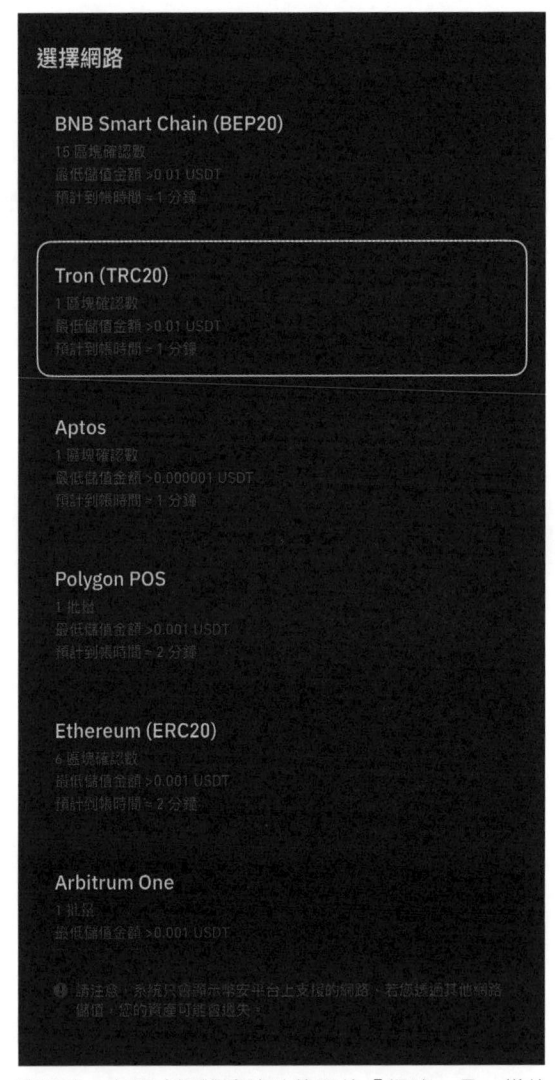

BNB Smart Chain (BEP20)
15 區塊確認數
最低儲值金額 > 0.01 USDT
預計到帳時間 ≈ 1 分鐘

Tron (TRC20)
1 區塊確認數
最低儲值金額 > 0.01 USDT
預計到帳時間 ≈ 1 分鐘

Aptos
1 區塊確認數
最低儲值金額 > 0.000001 USDT
預計到帳時間 ≈ 1 分鐘

Polygon POS
1 批註
最低儲值金額 > 0.001 USDT
預計到帳時間 ≈ 2 分鐘

Ethereum (ERC20)
6 區塊確認數
最低儲值金額 > 0.001 USDT
預計到帳時間 ≈ 2 分鐘

Arbitrum One
1 批註
最低儲值金額 > 0.001 USDT

⚠ 請注意，系統只會顯示幣安平台上支援的網路，若您透過其他網路儲值，您的資產可能會遺失。

轉帳時一定要確認雙邊地址使用的「網路」是一樣的

　　幣安的 USDT 支援多種區塊鏈地址（又稱網路、主網類型、線路、協議），在轉帳的時候，一定要確認轉進和轉出雙方地址的幣種和主網類型都是相同的。

Step 2：從台幣交易所轉出

接著，將這個地址傳給要給你幣的人，或是如果是你自己的帳戶的話，以台灣的交易所 BitoPro 為例，從 BitoPro 的 App 找到「提領」選擇 USDT，接著選擇錢包類型 TRC20，將幣安複製來的地址貼上去，輸入轉帳金額，就可以完成提領，通常幾分鐘之內就會到帳。

值得注意的是，加密貨幣交易所之間的轉帳，「轉出」的那一方需要支付手續費，「轉入」的一方則不需要。實際操作的部分也可以參考筆者這部影片。

幣安轉帳教學

現貨交易：基本的買幣與賣幣

完成了帳戶註冊，並打進來了一些 USDT，是時候開始體驗幣安多樣化的投資玩法了！那麼首先，讓我們簡單介紹一下最直覺也最基本的交易功能，也就是「現貨交易」。

幣安目前支援 300 多種加密貨幣，且擁有全球最深的交易深度。交易深度越深，買賣的價差就越小越划算。不建議直接用台幣交易所購買除了 USDT/TWD 以外的加密貨幣也是基於這個原因。現貨交易的手續費為 0.1%，如果註冊時有填寫推薦碼，則可以享有 20% 的返現。如果先買一點 BNB 放在現貨錢包，並選擇以 BNB 支付交易手續費，還能享有手續費 75 折優惠。兩個優惠併用，則手續費才 0.06% 而已，相當於每 10,000 塊交易額支付 6 元手續費，比起股票交易划算很多。

首先，讀者需要注意的是，斜線後面的幣是以何作為本位。舉例來說，ETH/USDT 與 ETH/BTC 同樣是買以太幣 ETH，但前者是以 USDT 計價，

後者是以 BTC 計價與交易，即你可以用多少 BTC 去購買 ETH。

而交易對後面的 3×、5×、10×，則是指這個交易對在「槓桿」交易中最高可以開幾倍槓桿，現貨交易時不必理會。槓桿交易是進階並帶有極大風險的玩法，簡單來說，跟股票市場的期貨非常類似，不適合初學者。

合約交易：以小博大的槓桿玩法

合約是「永續期貨合約」（Perpetual Futures）的簡稱，是一種類似傳統股票市場的期貨交易，是加密貨幣圈特有的衍生性金融商品，與傳統期貨最大的不同是永續期貨並沒有到期日，不用特別注意轉倉時間。因為合約交易允許用戶透過槓桿加上保證金制度，只要利用小金額就可以放大投資損益。幣圈的合約特色還有十分驚人的高槓桿，從 2 倍到 125 倍都屬常見。這可能是除了現貨交易之外，最受歡迎的炒幣方法，許多玩家都想靠合約一夕致富，不過風險十分巨大，「短期」加上「高槓桿」也被許多人視作是賭博了。詳細玩法可以參考本書 4-7 的教學。

探索幣安更多有趣的功能

幣安身為國際大所，除了交易買賣和理財之外，也不停地研發各種新功能，非常推薦讀者可以多多探索幣安的 App，以下推薦幾個實用的新手功能。

1. **幣安支付（Binance Pay）**：只需要知道對方的幣安 ID（不用打很長的鏈上轉帳地址），即可實現即時轉帳加密貨幣的功能。

在幣安 App 首頁上方點選最右側的手指符號，即可發送加密貨幣給幣安用戶

2. **新幣挖礦（Launchpool）**：幣安不定期會推出新幣上市活動，只要在活動期間將 BNB 或穩定幣質押進礦池參與活動，就可以獲得有潛力的新幣，等同幣安送錢給用戶（詳細流程可參考本書 4-3）。

3. **幣安活期理財**：只要購買加密貨幣的現貨，例如 BTC、BNB 或是穩定幣等等，都可以參與幣安理財。將資產存入活期理財的話（App 首頁→資產→理財→申購），就可以每日收取類似活期存款的收益，而且可以隨時贖回（若是定期理財則需等待 2 到 3 天才能取出）。

2-5 重要加密貨幣種類介紹

對於加密貨幣的新手而言,在剛入門時,可能只知道比特幣這個加密貨幣始祖。事實上,截至 2025 年 3 月 20 日,加密貨幣資訊網站 CoinMarketCap 追蹤的加密貨幣代幣總數已高達 1,300 萬種。市場分析師阿里・馬丁內斯(Ali Martinez)估計,2018 年時的山寨幣數量還不到 3,000 種,2013 到 2014 年間的山寨幣數量甚至不到 500 種。2024 到 2025 年初新發行代幣之所以急劇增加,主要是由 Solana 鏈上的迷因幣發行平台 Pump.fun 推動,這個平台讓普通人發幣的成本和門檻都大幅降低。雖然有這麼多令人眼花撩亂的貨幣,其中真正具備長期生存能力的可能僅有數十種,比特幣、以太幣和少數主要穩定幣(如 USDC、USDT)仍主導市場,市值排名前十的加密貨幣就占了超過 90% 的市場總值,大多數小型加密貨幣的規模和影響力極小,投資者不妨先關注前二十名的幣種即可。

知名數據網站 CoinMarketCap 在 2025 年 3 月追蹤的加密貨幣數量高達 1,300 萬種,總市值為 2.8 兆美金

許多山寨幣（除了比特幣之外的幣）並非單單是複製比特幣的技術，而是改善比特幣的缺點，並發展出其他功能。例如長居市值第二大的以太幣，其背後的公鏈項目「以太坊」（Ethereum），就以「智能合約」為特色開啟了區塊鏈 2.0 的風潮，讓加密貨幣不再只是一種數位貨幣，而是具有實質功能。2015 年 7 月，以太幣剛發行時，幣價才 1 美元左右，在 9 年後的 2025 年初，已經漲到 2,000 多美元，超過數千倍的爆炸般成長相當驚人。由此可見，在加密貨幣市場中如果能選對標的，長線布局，收益很可能是千百倍計算，非常值得深入研究。這個章節就逐一介紹筆者精心評選，2025 年初在其功能賽道具有特色，且擁有投資潛力的加密貨幣。

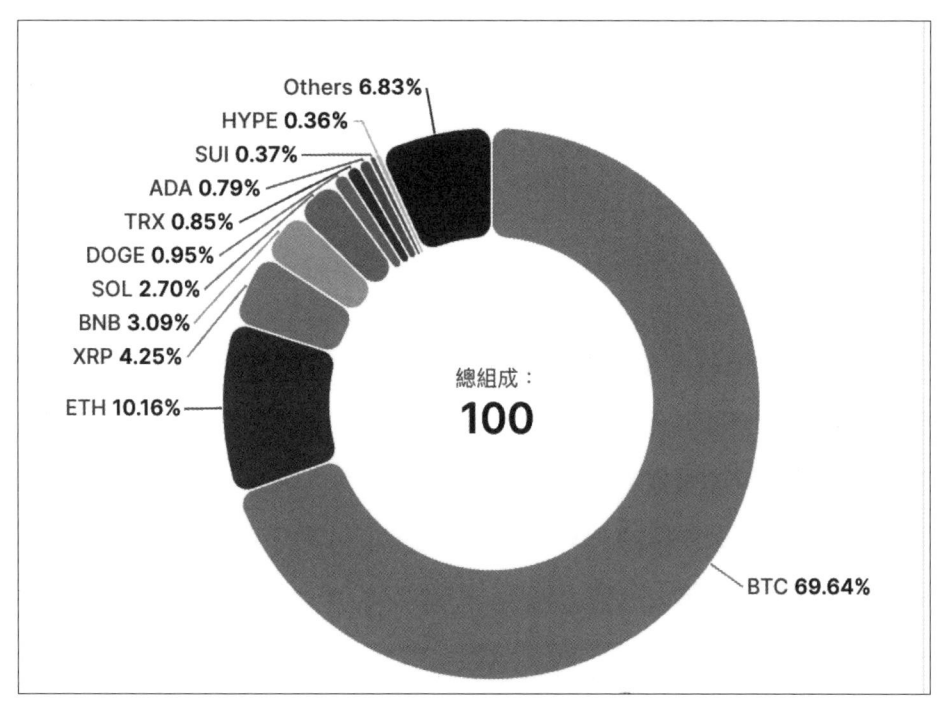

2025 年 6 月 1 日，排名前十的加密貨幣就超過總市值的 90%。
來源：CMC100 指數

1、比特幣（BTC）

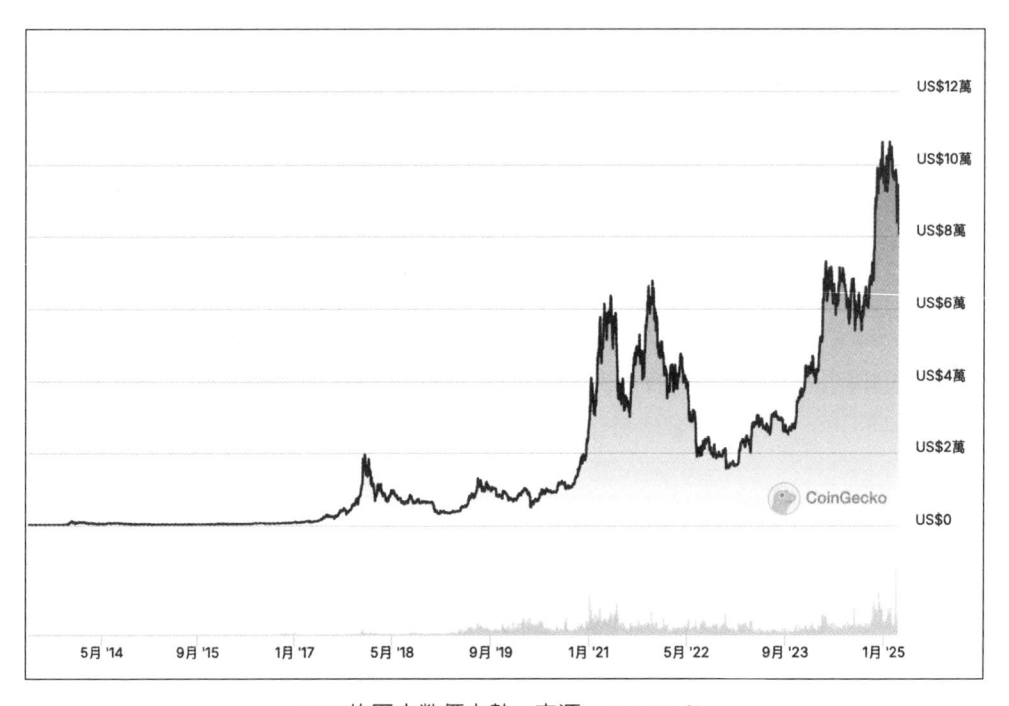

BTC 的歷史幣價走勢。來源：CoinGecko

　　區塊鏈技術的源頭、加密貨幣的始祖，人稱「大哥」或「大餅」的比特幣毫無疑問是最多投資人看好的加密貨幣。在萬花齊放的加密貨幣市場，比特幣也被加密貨幣的信仰者視為如「股市大盤」一般的存在，會隨著世界文明的發展而持續上漲。在 2025 年初，比特幣市值 1.9 兆美金，在各國貨幣規模排行第十一名。

Bitcoin Is the World's 11th Largest Currency

	Currency	Money Supply (in USD)
1.	Chinese Yuan	$43.1T
2.	US Dollar	$21.7T
3.	Euro	$16.2T
4.	Japanese Yen	$10.6T
5.	British Pound	$4.5T
6.	Korean Won	$3.9T
7.	Indian Rupee	$3.1T
8.	Canadian Dollar	$2.6T
9.	Hong Kong Dollar	$2.4T
10.	Brazilian Real	$2.1T
11.	**Bitcoin**	**$1.9T**

2025 年初比特幣市值 1.9 兆美金，排名世界貨幣第十一名。
來源：fiatmarketcap.com、river.com

2、以太幣（ETH）

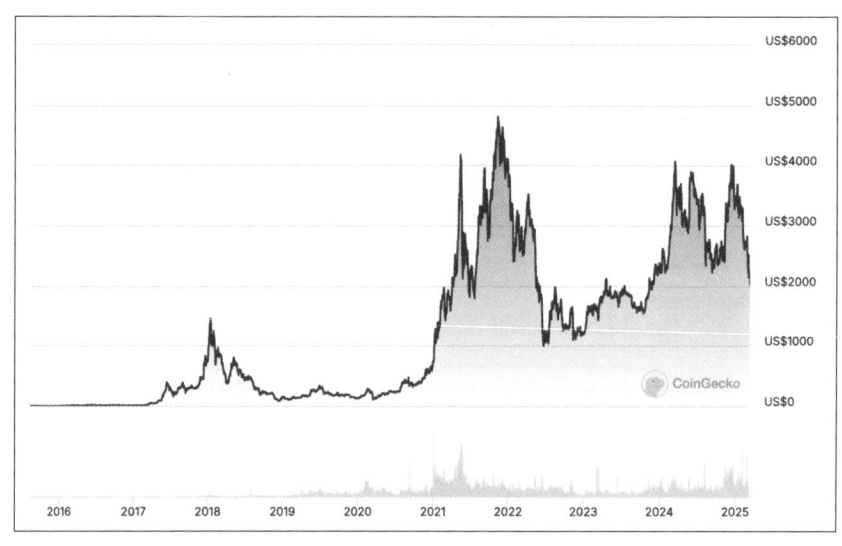

ETH 的歷史幣價走勢。來源：CoinGecko

　　以太坊（Ethereum）是由俄裔加拿大人維塔利克‧布特林（Vitalik Buterin，人稱 V 神）在 19 歲時所構思的區塊鏈項目。他提出一個可開發不同應用程式的開源區塊鏈平台，拓展金融領域外的其他用途。以太坊就像一條搭載作業系統的區塊鏈，例如 Android 與 iOS 那樣，開發者可以在以太坊上打造各式各樣的 App。此外，以太坊上的 App 不是由任意一家公司的主機伺服器運作，而是像比特幣區塊鏈那樣透過全球各地的「礦工」維護的「節點」運作。DApp（Decentralized Application，去中心化應用程式）一詞隨之誕生。

　　以太幣（Ether，ETH）就像是整個系統的燃油，催動整個區塊鏈的運作。因為用戶每次在以太坊區塊鏈上進行任何一筆轉帳或執行一個指令，都需要支付「燃料費」給礦工，包括使用以太坊上的 DeFi（去中心化

金融平台）、交易以太坊上的NFT（收藏品）。一來這賦予了以太幣應用價值，也為整個生態系的經濟模型定調。以太坊用戶增加，等同於以太幣需求增加。

以太坊最大的貢獻之一，是其智能合約允許任何開發者直接在鏈上發幣。在過去，想要發行自己的加密貨幣必須先寫一條區塊鏈出來；但以太坊就像區塊鏈工程師的工具包，讓幣圈項目的開發變得更加簡單，間接促成了2017年的「ICO狂熱」、2020年的「DeFi夏天」與2021年的「NFT狂潮」。

以太坊的巨大成功，促使後來的區塊鏈開發者紛紛改以以太坊為基礎，打造出各具應用場景的區塊鏈，而非像比特幣那樣用來記帳的區塊鏈。包括BSC、SOL、ADA等鏈的蓬勃發展，正式進入「區塊鏈2.0」時代。

3、泰達幣（USDT）

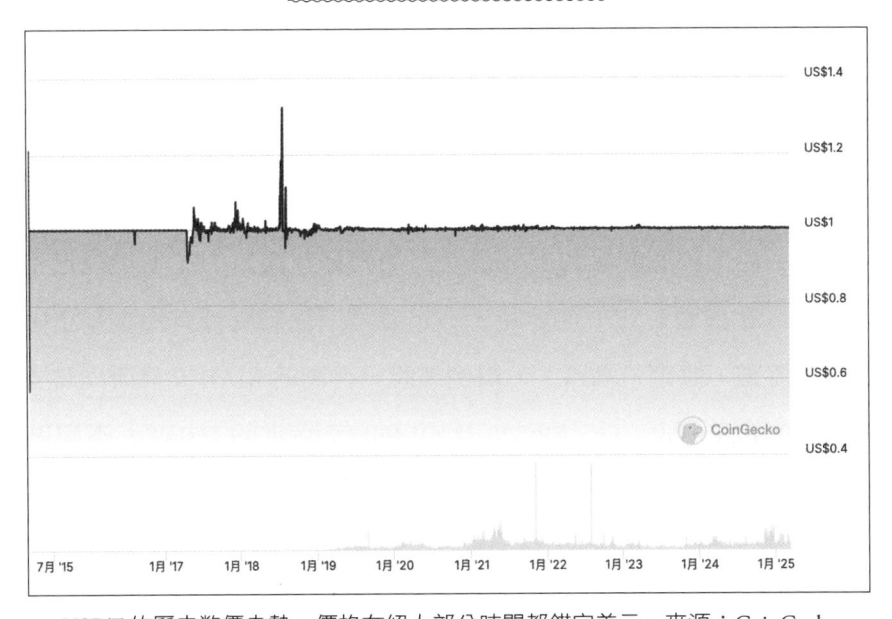

USDT的歷史幣價走勢，價格在絕大部分時間都錨定美元。來源：CoinGecko

USDT 是 Tether 發行的與美元錨定價格 1：1 的加密貨幣。這不是一種讓你買低賣高賺錢的加密貨幣，而是在區塊鏈世界中讓投資人更容易「套現」的一種工具。因為即使到了今天，許多加密貨幣的平台仍然較難提供真正的法幣交易服務，因此我們需要一個價值穩定，可以視同法幣的「穩定幣」，才好在急著需要賣出時可以套現。

USDT 是目前市值最大，在交易所內最普及的穩定幣，基本上被視為美元了。大部分的幣都能找到 USDT 的「交易對」，如 BTC/USDT、DOGE/USDT 等等。因為 USDT 太常用了，也可以直接簡稱為 U。所以我們經常可以看到以下的幣圈對話：「你現在主要投資什麼好幣呀？」「現在市場太危險了，我滿手 U！」

因為 USDT 擁有極高的流動性，所以在各大交易所都會有 USDT 的活期存款優惠，希望藉此吸引更多人存入 USDT 來增加交易所的流動性，通常有 3% 到 10% 左右的浮動年利率，比傳統金融市場中的利率高出許多。所以，在沒有急用的時候，將 USDT 放在交易所裡活存，可以每日賺取利息，這也是幣圈人不可不知的常識，不過要注意這個年利率通常是每小時或每天浮動的。

USDT 也是幣圈轉帳和支付最常用的幣種。因為 USDT 可以走不同的區塊鏈，在複製 USDT 地址時，一定要再三注意有沒有複製到正確的區塊鏈（協議、協定、網路）。舉例來說，台灣的 MAX 交易所同時支援 TRC20、BEP20、Polygon、ERC20 及 OMNI 等協定的 USDT，不同區塊鏈使用的地址格式不同，一旦選錯將會導致資產遺失，後果十分嚴重，不可不慎。

4、幣安幣（BNB）

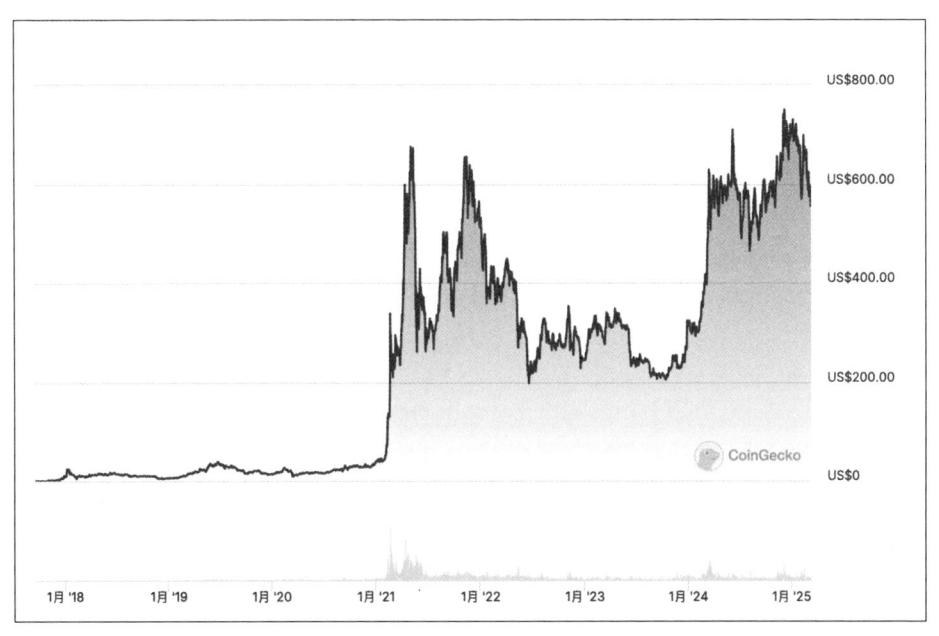

BNB 的歷史幣價走勢。來源：CoinGecko

　　BNB 是幣安交易所於 2017 年透過 ICO（Initial Coin Offering，首次代幣發行）上市發行的加密貨幣。作為全球最大的幣安交易所發行的唯一平台幣，BNB 的應用場景除了交易所內的手續費折抵，它也能支付幣安智能鏈 BSC 上必備的「燃料費」。應用場景的多元，加上幣安定期會透過「回購、燒幣」的機制減少 BNB 的市場流通量，類似於公司定期配股配息的做法，BNB 至今已是穩定保持市值前五的主流加密貨幣。另外，持有 BNB 有很多額外的福利，例如幣安在 2024 年就推出了 28 檔「新幣空投」（New Coin Airdrop），會依比例發送即將上交易所的新幣給持有者，等同免費送錢，基本上就是給予 BNB 持有者的獎勵（請見本書 4-3）。

5、艾達幣（ADA）

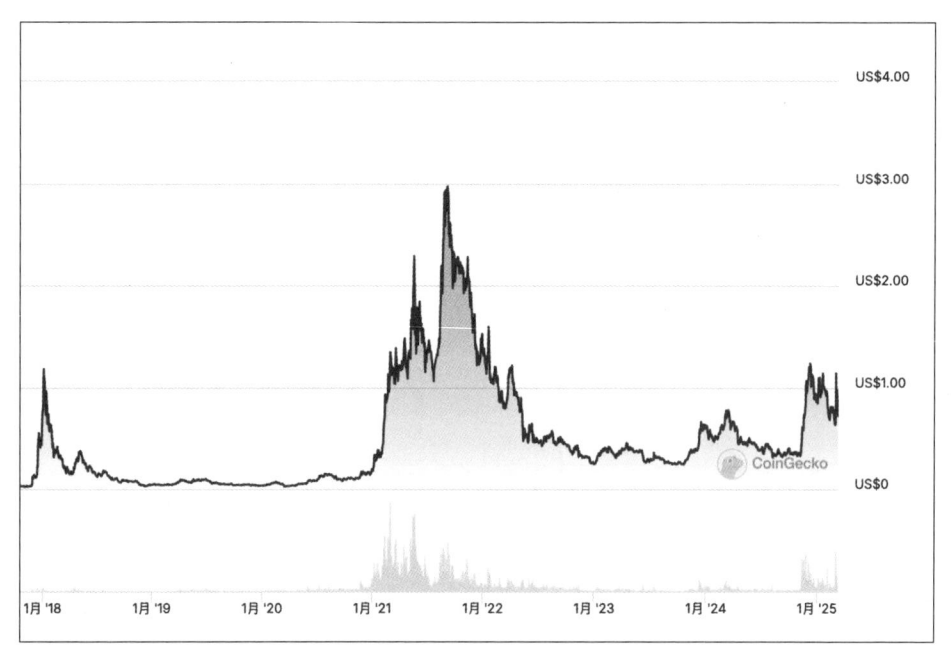

ADA 歷史幣價走勢。來源：CoinGecko

　　ADA 是以太坊共同創辦人之一查爾斯・霍斯金森（Charles Hoskinson）離開以太坊後，創辦的 Cardano 區塊鏈的原生加密貨幣。因為早期募資時資金大多來自日本，而願景與以太坊又類似，Cardano 也被稱為「日本以太坊」。ADA 一直以來長據市值前十名。ADA 的功能性與 ETH 相同，都是基於「智能合約」功能，作為區塊鏈上各式應用時需要支付給礦工的「燃料費」。截至目前為止，Cardano 在教育、供應鏈、身分驗證、DeFi 和娛樂等領域已經陸續取得了實際成效，顯示其技術的多樣性與應用潛力。

6、狗狗幣（DOGE）

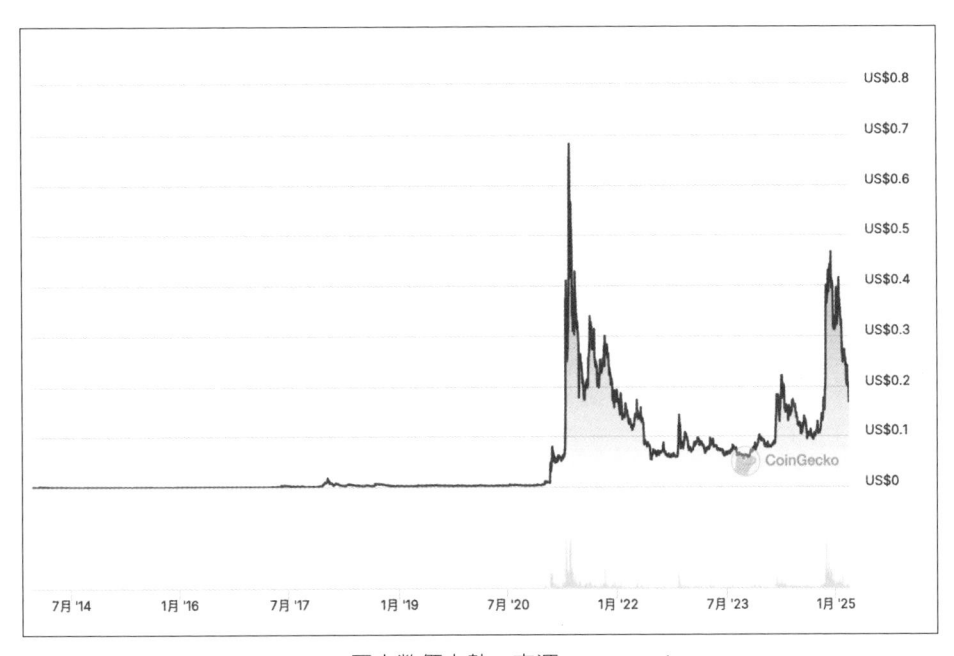

DOGE 歷史幣價走勢。來源：CoinGecko

　　DOGE 是 2013 年傑克森・帕爾默（Jackson Palmer）和比利・馬克思（Billy Markus）為了諷刺比特幣炒作風氣而設計的加密貨幣。採用了與萊特幣（Litecoin）類似的技術架構，傑克森在這個加密貨幣的圖騰放了當時流行的柴犬迷因作為幣種圖式，並取名為 Dogecoin（狗狗幣）。包括創辦人在內，沒有人預期到這個迷因幣能在今日名列前十大加密貨幣。

　　而真正讓狗狗幣聲名大噪的，可能是因為 2021 年起特斯拉執行長馬斯克多次於個人的 X 帳號提及「狗狗幣」、「我想養柴犬」等言論。不像之前其他區塊鏈和山寨幣推出時會強調各種技術與功能，迷因幣只有好笑、可愛等情緒價值，價格炒作全靠社群或名人加持，加上迷因文化十年

來持續蓬勃發展，DOGE 再也不只是一個笑話般的存在，竟成為比眾多具有強大性能與願景的區塊鏈市值更高的加密貨幣。而狗狗幣這個迷因幣之王，也啟發了後續的「佩佩蛙」（PEPE）和「柴犬幣」（SHIB）的熱潮。美國總統川普甚至也在 2025 年初發行了「川普幣」（$TRUMP），加入這波迷因幣風潮。

7、瑞波幣（XRP）

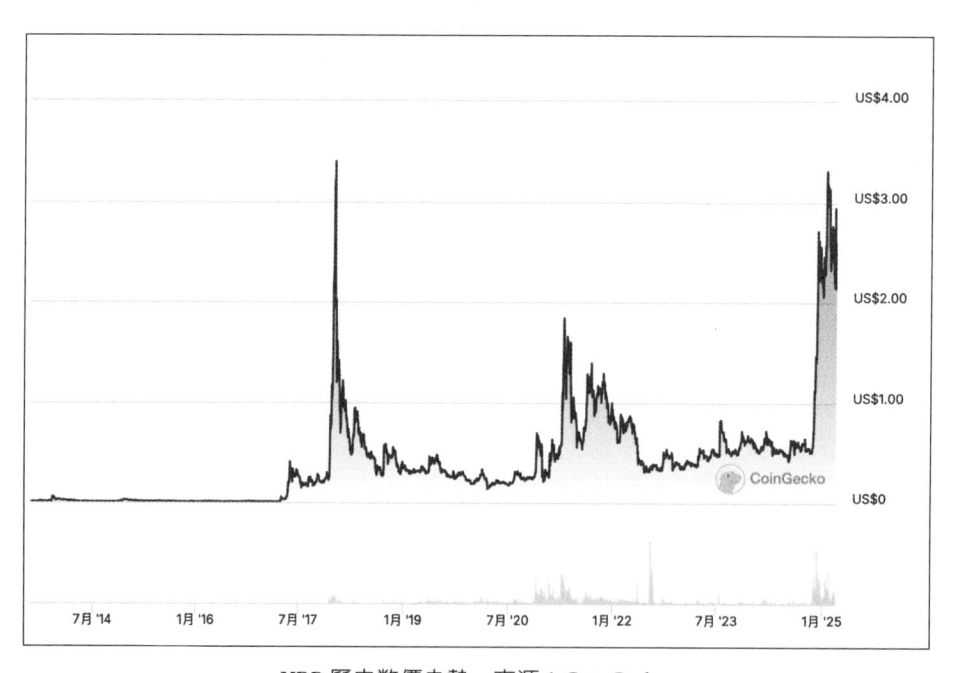

XRP 歷史幣價走勢。來源：CoinGecko

　　XRP 是分散式驗證網路瑞波（Ripple）所使用的加密貨幣，是最老牌的加密貨幣之一，目標是實現快速的跨國匯兌功能，取代現行銀行的 SWIFT（全球銀行間金融電訊協會）協定。它不僅方便全世界的交易進行，

其轉帳手續費也遠較比特幣之類的服務便宜。XRP 的目標是與各國銀行合作，提升跨境支付效率並降低交易成本。不過瑞波網路本身過於中心化也引發了許多疑慮，因其共識機制是由 100 多個驗證節點控制，其中由瑞波控制了過多比例。

8、波場幣（TRX）

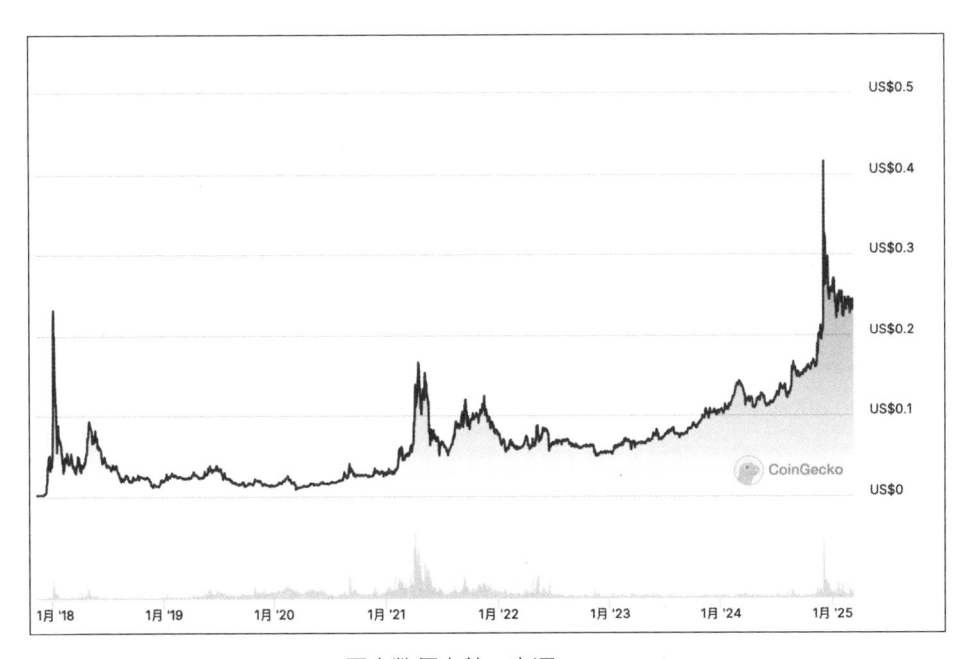

TRX 歷史幣價走勢。來源：CoinGecko

　　TRX 是幣圈著名創業家，人稱「孫哥」的孫宇晨創立的波場（TRON）區塊鏈的原生加密貨幣。TRON 區塊鏈應用場景與以太坊類似，TRX 幣的功能也與以太幣雷同，是 2017 到 2018 年竄起的「以太坊殺手」之一。當時出現了不少功能類似以太坊，但號稱性能強過以太坊的區塊鏈項目，而 TRON 是少數至今仍有主流應用價值的其中之一。

然而，TRON 區塊鏈最常被使用的原因卻不是波場區塊鏈上的生態系，而是因為美元穩定幣的轉帳。在許多條 USDT 能使用的區塊鏈中，TRON 屬於比較早期、最多交易所支援的。而使用 TRON 區塊鏈（TRC20）轉帳時需要的手續費比起其他的（尤其是以太坊 ERC20）來得便宜，因此被十分廣泛地使用。多數新手加密貨幣轉帳教學的內容，都會提及建議使用 TRC20 作為轉帳的區塊鏈（協議）。

9、Solana（SOL）

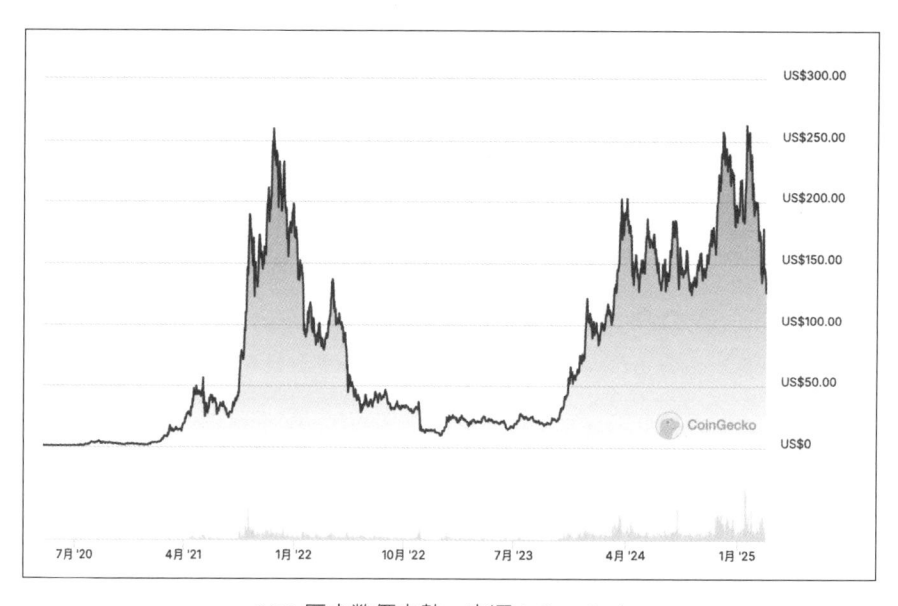

SOL 歷史幣價走勢。來源：CoinGecko

Solana 區塊鏈是一個 2020 年才正式上線，卻以迅雷不及掩耳之速搶占幣圈主流一席之地的公鏈項目，而 SOL 就是其上發行的代幣。區塊鏈的性能有不同的指標可以判斷，最常見的就是「每秒交易量」（Transaction per Second，TPS）。以太坊因區塊空間有限，實際 TPS 約只有 15 而受到許多挑戰。而號稱全網最快公鏈的 Solana，理論 TPS 可超越 6 萬筆，遠高於以太坊（30 TPS）和比特幣（7 TPS），加之相對低廉的「燃料費」，使其成為新一代公鏈賽道最有力的競爭者。

2021 年因為搭上了 NFT 熱潮，吸引了許多 NFT 開發者從以太坊轉移到 Solana。之後區塊鏈熱點應用如 DeFi 和 DEX，Solana 也沒有缺席。2024 年最熱門的迷因幣發行平台 Pump.fun 和大紅迷因幣 BONK 與 WIF，更是持續帶動了 SOL 的需求。雖然 Solana 區塊鏈擁有高交易量和低手續費的優點，不過在 2022 和 2024 年都曾發生過重大的斷鏈事件，導致交易不成功。這些長達數小時甚至 48 小時的故障，都曾引發使用者對其信心不足導致 SOL 幣價格暴跌，這也是投資者需要特別關注的。

10、Toncoin（TON）

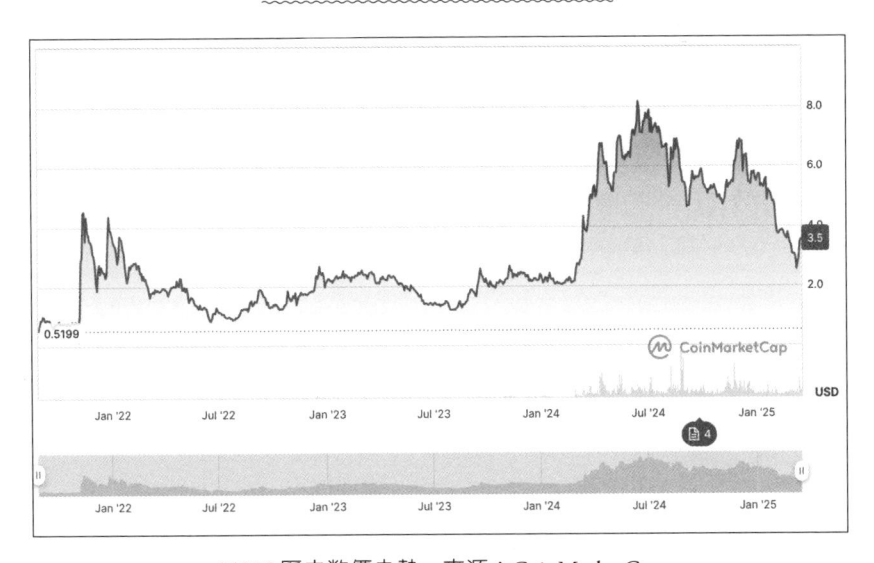

TON 歷史幣價走勢。來源：CoinMarketCap

Toncoin（簡稱 TON）是 The Open Network 區塊鏈的原生代幣，是由擁有超過 9.5 億活躍用戶的通訊軟體 Telegram 創始人杜洛夫兄弟（Pavel Durov 和 Nikolai Durov）提出的項目，目的是在 Telegram 中提供方便安全的支付功能。Telegram 透過 ICO 籌集了 17 億美元，但因美國證券交易所的監管壓力，現已由開源社區 TON 基金會等獨立組織推動發展。

身為世界第二名的通訊軟體 Telegram 的「親兒子」，Toncoin 讓 Telegram 用戶實現了可直接在軟體內聊天時發送和接收 Toncoin，也可以用來支付給朋友或商家、捐款或是購買廣告甚至 NTF，實現低成本快速轉帳。Toncoin 除了在 Telegram 中扮演著支付工具、娛樂貨幣和生態參與的角色，也將區塊鏈技術融入了將近 10 億月活躍用戶的日常社交體驗，這讓 TON 在上市之初就備受矚目，擠入了加密貨幣的前十大市值排行。

不過，因為 Telegram 一向強調保護用戶隱私和去監管化（之前兩人創辦的俄羅斯通訊軟體 VK 也是因此被俄國政府壓迫），創辦人帕維爾・杜洛夫於 2024 年 8 月 24 日在法國機場被捕，被指控的罪名包括未能阻止用戶分享非法兒童性影像、平台被用於毒品等非法交易、不配合調查提供用戶數據等等。雖然 TON 已獨立運作，但市場仍將其與 Telegram 和杜洛夫綁定，導致 TON 的價格劇烈波動，這也是投資人需要特別注意的。

11、Uniswap（UNI）

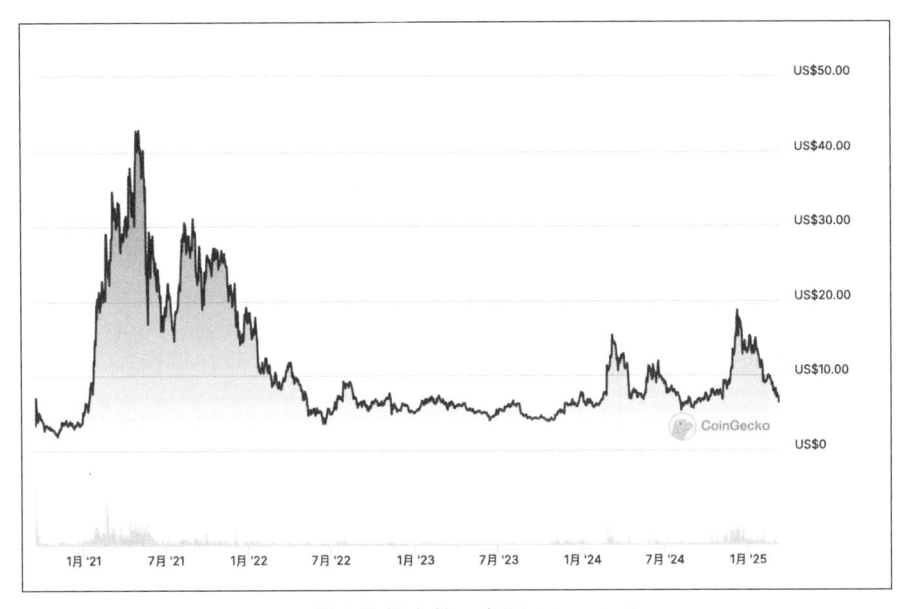

UNI 歷史幣價走勢。來源：CoinGecko

去中心化金融（DeFi）的生態打從 2017 年就開始萌芽，直到 2020 年「流動性挖礦」玩法問世後得到恐怖的增長。去中心化金融，顧名思義是一種完全建構在區塊鏈上的金融系統，幾乎多數日常中的金融應用都可以找到，包括交易、借貸（存錢）、期權、保險、衍生性商品等等。目前交易量最大的是應用之一是「去中心化交易所」（DEX）。

以太坊上的 DEX 龍頭就是 Uniswap，原生代幣為 UNI。DEX 相對於中心化交易所（CEX）的優勢是，允許用戶無需中介即可進行加密貨幣的交換（swap），同時也無需 KYC（實名認證），是更加符合區塊鏈去中心化理念的交易模式。Uniswap 由海登・亞當斯（Hayden Adams）在 2018 年開發，並成為 DeFi 領域最具影響力的項目之一。Uniswap 作為最早期的去

中心化交易所之一，其合約代碼也被許多後來的項目或抄襲或參考使用，SushiSwap 就是正大光明地抄襲 Uniswap 代碼。Uniswap 平台收益驚人，所以許多投資人將 UNI 幣視為很好的投資。大多主流 DeFi 項目的幣，常有的功能包含：

1. **治理功能**。持有 UNI 可以參與論壇投票，像是股東那樣參與平台自治。
2. **分享平台獲利**。有些平台會用業務收益來「回購並銷毀」平台幣，間接推升幣價。
3. **質押被動收益**。平台通常會給出誘因，例如將幣質押在平台中，即可賺取穩定的利息收益。

12、Aave (AAVE)

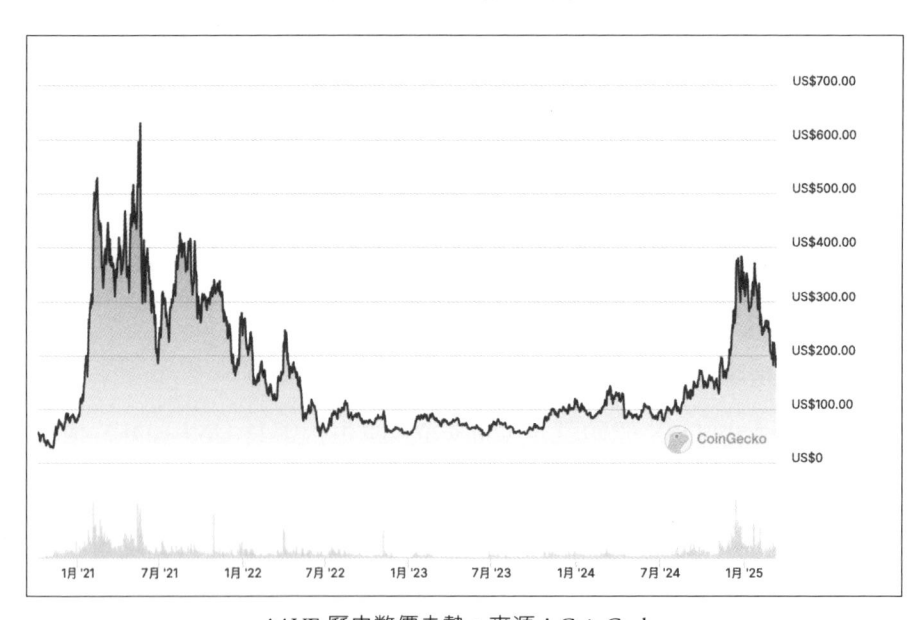

AAVE 歷史幣價走勢。來源：CoinGecko

Aave 是以太坊上 DeFi 項目的借貸平台龍頭之一。我們常常用平台中「鎖定的總資金量」（Total Value Locked，TVL）來判斷一個 DeFi 項目是否被市場青睞。Aave 是 DeFi 領域最強大的去中心化借貸協議，支援存款賺利息、抵押借貸、閃電貸、利率交換等功能，核心願景是讓全球任何人都能公平地參與金融市場。我們可以把 Aave 看作未來 DeFi 世界的銀行，目標是讓每個人都能自由存貸資產！DeFi 世界的借貸由於不會追蹤個人身分，因此借款者還必須抵押其他資產（如 ETH）才能完成借款。Aave 提供數十種可抵押資產，與傳統金融中的模式不同，借貸需要支付的利息是實時公開透明，並且主要用途會用來支付存款者的利息。因此存款當下利息多少，完全由借款者的多寡來決定。

Aave 借貸平台操作教學

2-6 去中心化交易所介紹

加密貨幣其中一項重要的屬性就是「無需許可」（permissionless），但近年來隨著監管單位對加密貨幣市場的關注提升，以及世界各國開始關注傳統金融模式的中心化加密貨幣交易所，要求各企業主對用戶進行一定程度的 KYC（實名認證）之後，許多國家的用戶開始受限於使用某些平台。例如，根據美國上市企業 Coinbase 的使用資格，某些國家的身分證在進行身分驗證的時候，就會被擋在門外。雖然本質上這類限制的目的是防止平台與交易所作惡，以及保護國民免於詐騙與不法業者的侵害，但難免存在部分過度監管、抑制創新、阻擋自由交易的疑慮。

對大多數民眾以及多數幣圈投資人來說，使用本地或國際中心化交易所已經可以滿足 90% 以上投資與交易需求。但在某些數位金融與身分認證較不健全的地區，以及對於某些 degen（degenerate 的簡寫，高風險的投機交易者）或 OG（Original Generation，幣圈的元老級大佬）來說，他們需要更自由、無國界、無需許可的交易環境，那就是「去中心化交易所」（Decentralized Exchange，DEX）。

什麼是去中心化交易所？

去中心化交易所與中心化平台有著幾個最明顯的差異，列舉如下：

第一，**無需註冊、無需身分驗證、無國界與身分歧視**。任何人只需要有個區塊鏈上的數位錢包（註：熱錢包或冷錢包可以，交易所帳戶不適用）就能夠連上這樣的平台進行交易。

第二，**使用區塊鏈錢包連結與直接交易，資金無需託管**。中心化平台開戶後、使用前，需要先執行「入金」的動作才能交易。因為中心化平台會託管平台內所有用戶的資金，並協助買賣雙方的撮合，這一動作提升了交易效率、節省了交易成本，但也要求用戶「信任」平台不會挪用用戶資金。

反之，去中心化交易所則大多沒有入金的需求。一個典型的去中心化交易操作是：用戶「連結」錢包、「授權」平台的智能合約可以觸碰你的資產，接著在平台上交易時，智能合約會自動將你錢包的加密貨幣與平台「資金池／掛單簿」中的加密貨幣「交換」（swap），從而完成一筆交易。這一個動作由於直接涉及加密貨幣在區塊鏈錢包上的移轉，通常除了支付交易手續費外，還需要支付燃料費作為礦工記錄交易的收益。雖然效率和交易成本較遜於中心化平台，但節省了入金與註冊平台的步驟，以及不需要先將一筆資金轉入某特定平台，免除了信任平台的成本。

第三，**可交易幣種通常更多、更雜**。中心化平台（尤其是主流的交易所）由於上架幣種需要經過公司決策通過，同時為了避免各種用戶端與監管端風險，通常會在上幣時對項目方進行一定程度的審核，就算規模大如幣安，也只有約莫 400 多種加密貨幣可供交易，而以上幣數量聞名的 Gate.

io 也只有 1,000 餘種加密貨幣，且大多都是規模相對大的項目。要知道創建加密貨幣在全世界範圍內可說是每分每秒都在發生的事，CoinGecko 所收錄的加密貨幣更是已經有 2 萬餘種。這麼多小型、早期且超高波動的加密貨幣大多只能在去中心化交易所買到，這是因為多數去中心化交易平台不會審核任何人上架的任何幣種：你只要自己有本事造市、有本事吸引人來買賣，平台不預設你需要被干涉。

這樣的屬性一方面造就了許多擅長抓早期潛力項目的用戶，能在鏈上時期就先低價買進並創造收益，另一方面也讓許多想要「抓金狗」（金狗指的是少數獲得市場認可並成功上架大型交易所的幣種）的用戶買到最終歸零的「空氣幣」（Air Coin，看似有吸引力但實際上欠缺持久價值的加密貨幣）而蒙受損失。可以說自由總是有利有弊，能賺錢的機會越多、能虧損的風險也就越高。想要享受去中心化的「自由」，最大的代價就是更要求用戶為自己的行為負責了。

第四，通常有跨鏈需求。在中心化平台，我們可以用不同鏈上的加密貨幣互相買賣，例如我從以太坊區塊鏈轉入 ETH，可以買到在波場區塊鏈上的 USDT。這是因為中心化平台自己有一套大帳本，只要你的資金數量正確，他們可以自己在後台幫用戶處理跨鏈的需求（另一個原因是，他們無需每次用戶交易時都消耗一次跨鏈燃料費）。

而在去中心化平台，如果你手中有波場鏈上的 USDT，並且使用只提供波場鏈資產交易的 DEX，則你無法買到以太幣或比特幣——儘管你會認為比特幣是最多人交易的幣種。由於原生區塊鏈的不同，你必須到支援跨鏈的去中心化交易所才能進行多鏈資產互通的交易。

在本書第一版 2021 年問世時，跨鏈的去中心化交易所還非常罕見、

甚至連跨鏈的用戶錢包都非常稀少。所幸在這幾年去中心化世界的高速發展下，許多去中心化平台都已經整合了幾條主流公鏈的資產互通，也有許多錢包支援多鏈。雖然多數交易所還是有自己生態最完整的一條鏈，但可以預期去中心化世界的跨鏈便捷度會越來越高。

第五，流動性和駭客是主要問題。現階段多數投資人在交易主要的幣種如 BTC、ETH 時，大多不會選擇在去中心化交易所買賣，主要的原因是雖然你無需將資金轉入平台，但目前的市場環境中，中心化交易所的深度、滑點（預期支付或收取的價格與訂單實際執行價格之間的差異）、手續費與交易體驗還是比去中心化平台來得有競爭力。換句話說，同樣購買 1,000 美元等值的比特幣，在幣安或 OKX 會比在 Uniswap 花費更低的手續費、更少的滑價、省掉燃料費的支出以及更快完成交易速度。主要原因除了去中心化平台的流動性等屬性尚有優化空間，中心化交易所非常「捲」（競爭激烈）也是事實，手續費幾乎都是萬分之幾。這使得大部分的投資人雖然深信去中心化才是區塊鏈的未來，但在實際交易主流幣種時還是會選擇一間自己信任的中心化平台，只有在「打土狗」（土狗指的是由私人直接發行甚至沒有白皮書的加密貨幣）、尋找早期機會時才會傾向使用去中心化交易所。

此外，對於我們散戶來說，也不應輕忽 DEX 的風險。因為即使標榜去中心化的平台，也有可能會在其智能合約的授權中置入交易之外的額外權限，或是透過其他方式駭入你的電腦。因此，新手在使用 DEX 時還是要注意選擇主流、較有信用與歷史的平台。

常見的去中心化交易所

Uniswap

作為去中心化交易所的代表之一，Uniswap 由海登・亞當斯（Hayden Adams）於 2018 年創立，基於以太坊區塊鏈運行，並率先提出了著名的自動化做市商（Automated Market Maker，AMM）模型。不同於傳統交易所的訂單簿撮合方式，Uniswap 允許任何用戶透過提供一對資產到流動性池來創建市場，交易價格則依據資金池內資產比例自動調整。

截至 2025 年初，Uniswap 的累積交易量已突破 2 兆美元，是全世界交易量最大的 DEX。單日交易量通常維持在 5 億到 15 億美元之間，流動性規模也穩居全鏈第一。由於它主要運行於以太坊主網，因此使用 Uniswap 的交易通常需要支付相對較高的以太坊燃料費，這也推動了後來 Layer 2（如 Arbitrum、Optimism）上的 Uniswap 部署，幫助用戶降低交易成本。Uniswap 目前支援 Ethereum、Polygon、Optimism、Arbitrum 等多條鏈，並且仍持續拓展跨鏈計畫，是大多數用戶初次接觸 DEX 時最容易聽到的名字。

Uniswap 使用影片

Orca

Orca 是 Solana 鏈上最早期且持續活躍的去中心化交易所之一，自 2021 年上線以來，以「極致簡單、用戶友善」為品牌定位，快速在 Solana 生態中占有一席之地。相比於 Uniswap 的技術玩家氛圍，Orca 更傾向於為一般用戶提供「像 CEX 一樣好用」的 DEX 體驗。

受惠於 Solana 區塊鏈高效能、低手續費的特性，在 Orca 上進行交易

的燃料費通常低至 0.0001 美元左右，幾乎可以忽略。整體界面也設計得相當直覺，適合新手使用，並支援單幣流動性提供（single-sided liquidity，僅提供一種資產參與流動性挖礦或做市）等新機制，降低了流動性提供者面臨「無常損失」（impermanent loss）的風險。

截至 2025 年初，Orca 平均單日交易量約 5 千萬到 1.5 億美元，雖然規模不如以太坊上的巨型 DEX，但在 Solana 生態中穩居前段班，且隨著 Solana 生態復甦，有望持續增長。

PancakeSwap

PancakeSwap 是 Binance 生態中最知名的去中心化交易平台，於 2020 年在 Binance Smart Chain（現稱 BNB Chain）上推出。由於 BNB Chain 在設計上兼顧了低手續費、高交易速度以及與以太坊高度相容的特性，使得 PancakeSwap 快速崛起，成為當時 TVL（Total Value Locked，總鎖倉價值，即用戶存入該平台的加密資產總市值）最高的 DEX。

PancakeSwap 特別之處在於結合了 DEX 與各種 DeFi 生態功能，除了交易之外，還提供賭盤（Prediction Market）、IFO（Initial Farm Offering，首次農場發行）、NFT 市場等，形成一個接近「區塊鏈樂園」的概念。交易手續費一般設定為 0.25%，比以太坊鏈上的交易便宜許多，且由於 BNB Chain 的網路燃料費極低（每筆交易約 0.1 美元以下），適合大量進行小額交易的用戶。截至 2025 年初，PancakeSwap 仍是 BNB Chain 上 TVL 排名前二的 DEX，累積交易量已突破 6,000 億美元。隨著 BNB Chain 積極向多鏈擴展，PancakeSwap 也開始支援以太坊、Aptos 等其他區塊鏈，試圖朝跨鏈 DEX 的方向發展。

OKX DEX

OKX DEX 是知名中心化交易所 OKX 推出的去中心化交易平台，旨在滿足用戶對無需許可、無託管資金交易的需求，同時結合 OKX 本身強大的基礎設施和多鏈整合能力。與其他傳統 DEX 不同的是，OKX DEX 從一開始就以「跨鏈交易」作為主要賣點，支援超過 20 條公鏈、超過 2,000 種資產的互換，包含以太坊、BNB Chain、Polygon、Avalanche、Arbitrum、Solana 等。根據官方數據，OKX DEX 能夠將平均跨鏈交易成功率提升至 98% 以上，而且通常交易完成的時間只需要數十秒至兩分鐘，優於過去傳統跨鏈需要多步驟、多次手動操作的繁瑣體驗。

事實上，OKX DEX 能殺出重圍不只是靠他們中心化交易所團隊的經驗與技術，更仰賴 OKX 在 Web3 Wallet（去中心化錢包）的成功。在 2023 年 OKX 開始極力發展他們去中心化的業務，尤其是在多鏈錢包這一塊滿足了許多用戶「打銘文」以及後來迷因生態「打土狗」的需求，多鏈的屬性讓用戶不需要在不同鏈上生態爆發時切換不同的介面，交易順暢與安全性的維護也讓許多玩家使用之後就產生習慣。再加上 OKX App 內建了方便的一鍵切換功能，使得 OKX DEX 自然累積了許多用戶，形成一個更完整的 Web3 體系。

補充說明：銘文（Inscriptions）是在比特幣的最小單位「聰」（Satoshi）上「刻上訊息」的技術，目的是讓比特幣可以做出類似以太坊鏈上的非同質化代幣（NFT）的效果。讀者也可以想像成是在紙鈔上簽名畫圖增加獨特性，或是將黃金鑄造成獨一無二的飾品。在 2023 年 3 月到 5 月時，銘文賽道的代幣如 $ORDI 和 $SATS 價格暴漲，引發了一陣打銘文的熱潮。

「土狗」通常指一些低市值、缺乏技術願景的加密貨幣，「打土狗」

是指投資者試圖在土狗幣的短期價格波動中獲利。土狗幣可能在幾天內暴漲數十倍甚至百倍,但也可能迅速歸零,因為土狗幣的價格多受市場情緒、社群推廣或操盤者(莊家)影響,本質上跟買彩券或賭博沒兩樣了。與「土狗」相對的是「金狗」,指少數從土狗幣中脫穎而出,獲得市場認可並成功上架大型交易所的幣種,最知名的就是 DOGE 或 SHIB。

2-7
認識 Web3 錢包與冷錢包

加密貨幣的初學者在熟悉了中心化交易所（如幣安、Coinbase、MAX）的買幣賣幣、合約、活期儲蓄、量化交易等功能之後，可能會開始想要更進一步深入探索加密世界，例如購買沒有在交易所上架的新幣、DeFi、GameFi、DApps 等等，或是想要更安全地儲存與掌握自己的資產。這時候，就可以考慮學習 Web3 錢包、DEX 和冷錢包的進階功能。

不掌握私鑰，就不是你的幣

「Not your keys, not your coins.」這句話相信很多幣圈老手一定琅琅上口。畢竟比特幣誕生的 16 年間，我們已經看過無數交易所因為資安風險被駭或是惡意挪用客戶資產而倒閉，就連曾經的巨頭 Mt. Gox 和 FTX 都難以倖免，投資人的資產不是血本無歸，就是要等待曠日費時的法律訴訟。把數位資產放在中心化的交易所，就像把金庫鑰匙或是印章存摺交給別人保管，雖然方便但是風險極高。這時候，就要回歸中本聰一開始創立比特幣的信念，即「去中心化」的儲存與交易方式：冷錢包與 Web3 錢包。

首先，什麼是 Web 3.0？在網際網路剛誕生的 1990 年到 2000 年間，網路被稱為 Web 1.0，也就是所謂的靜態網路。年紀稍大的讀者應該還記得當時的入口網站如 Yahoo 或 MSN 等都是由網站方提供內容，可視為一種單向的「只讀」（read-only）交流形式。西元 2000 年之後的 20 年，網路進入「可讀寫互動」的階段，也就是 Web 2.0 時代。網站內容開始大量由使用者產生，像是 Facebook、Google、Instagram、Twitter、YouTube 等。不過，這些平台仍然掌握著絕對的數據控制與審查權限。再來就是奠基於區塊鏈科技，現正發展中的 Web 3.0，即去中心化網路。使用者不僅可以讀可以寫，還擁有了絕對的數據權限，加密貨幣、NFT 和 DeFi 就是 Web 3.0 的展現。

Web3 錢包是通往去中心化世界的任意門

首先，「熱錢包」（或稱 Web3 錢包、自託管錢包）是一種在電腦、手機等連網設備運行的錢包，「助記詞」（通常是 12 個英語單詞，可以幫助你恢復錢包和裡面的資產）由用戶自己保管，正常情況下（指沒被駭客攻擊的情況）沒有人可以碰觸甚至挪用你的資產。熱錢包可以很輕鬆地管理你的加密貨幣或 NFT，也可以使用區塊鏈去中心化世界裡的各種應用程式（即 DApp），如 NFT 市場 OpenSea、去中心化交易平台 1inch、鏈上借貸平台 Aave 等。像是 MetaMask（小狐狸錢包）就是知名的網頁版熱錢包。熱錢包的優點是完全免費，不用提供 ID、也無須身分驗證（KYC），創建到完成不用 3 分鐘。熱門的熱錢包通常以電腦的「瀏覽器插件」擴充功能呈現，也可以下載手機版的錢包 App，只要可以連網就能夠執行區

塊鏈的交易和轉帳功能，方便性和易用性可以說遠勝冷錢包。對於重度 NTF、DeFi 或早期項目的挖掘者來說，實用度不是交易所或冷錢包可以取代的。

區塊鏈上的燃料費

第一次使用 Web3 錢包的用戶，最困惑的環節往往是燃料費。在鏈上 Web3 的世界裡，任何一次轉帳、交易、鑄造 NFT 或是與智能合約互動，每個動作本質上都是在「發送一筆交易」到區塊鏈網路上。每一筆交易為了讓礦工（Proof of Work）或者驗證者（Proof of Stake）願意花資源來打包並寫入區塊，就必須支付一筆費用，這筆費用我們稱為「燃料費」（Gas Fee）。

簡單來說，燃料費就是處理區塊鏈上交易數據所需的成本。你可以想像，每次寄 Gmail 的時候 Google 並不會額外跟你收錢，是因為他們幫你支付了某些成本（用廣告費或其他付費服務賺回），但在 Web3 世界，現階段還是以使用者付費為主。（有很多技術創新正朝著免除燃料費的方向努力，相信那一天離我們不遠了！）而這個使用者付費的費用單位，不是美元、日幣、台幣或任何一國的法幣，而是這條區塊鏈的原生貨幣：在以太坊上的轉帳要支付 ETH，在 Solana 上的轉帳要支付 SOL，在波場上的轉帳要支付 TRX，以此類推。

因此，使用 Web3 錢包時，進行交易前別忘了準備那條鏈上的代幣作為燃料費，否則即使帳上有再多穩定幣或其他代幣，也無法執行任何交易。燃料費的多寡跟轉帳金額大小無關，而是跟鏈上擁擠度有關，當區塊

鏈繁忙時，處理交易的速度會變慢，若想加速處理就要付較高的燃料費。因此對新手來說，節省燃料費最簡單的方法是避開區塊鏈擁堵時段。此外，交易類型不同，燃料費也不一樣，規模越大、交易越複雜，需要支付的燃料費就越多。

補充說明：我們在中心化交易所進行交易不會被收取燃料費，是因為發生在交易所內部的交易，通常不會直接記錄在區塊鏈上（稱為「上鏈」）。這些交易記錄在交易所的內部資料庫中，交易所會根據用戶的交易行為更新其內部餘額，但這些操作並未直接觸及區塊鏈。只有當用戶將加密貨幣從外部錢包充值或提現時，這些交易才會記錄在對應的區塊鏈上。中心化交易所通常會將用戶的資產儲存在「熱錢包」或「冷錢包」中，這些錢包的地址是上鏈的，但用戶在交易所內看到的餘額僅是交易所內部帳戶的數字，並非直接對應區塊鏈上的某個地址。這也是為何使用中心化交易所時，要特別注意交易所的「誠信」問題。

重要：安全使用 Web3 錢包的注意事項

Web3 錢包讓我們可以跳過中心化的交易所，直接加入區塊鏈的世界，但哪些人可能不適合使用 Web3 錢包呢？

1. **新手或不熟悉區塊鏈技術的人**：自行保管的私鑰和備份助記詞，丟失後將無法找回，而資產轉移時，若輸入錯誤地址或錯鏈，都可能導致資產損失。
2. **不夠了解幣圈詐騙風險的交易者**：Web 3.0 生態內有許多詐騙與釣魚網站，使用者需具備基本的安全知識，若不小心授權了惡意程式，資產可

能會被完全轉移。

3. **頻繁使用法幣出入金的人**：Web3 錢包主要用於鏈上資產管理，若需要頻繁轉換法幣，仍需交易所配合。

　　特別提醒：使用 Web3 熱錢包除了要注意備份私鑰或助記詞，最重要的一點，就是注意不要簽下惡意授權程式，即同意對方轉移自己的資產，這個詐騙環節常出現在「免費鑄造（Free Mint）NFT」服務或是一些來路不明的 GameFi 區塊鏈遊戲。這些項目方可能標榜「免費空投」的福利，吸引你按下錢包的授權按鈕，讓你在不知不覺間損失全部資產。另外，某些不嚴謹的錢包商在程式更新時也可能產生漏洞令駭客有機可乘。以下是使用 Web3 錢包的時候需要注意的事項：

1. 不要給別人私鑰。
2. 不要下載來路不明的軟體，慎選開發夠久且有信譽的軟體服務商。
3. 不要亂點來路不明的網站，不要輕易下載 APK（Android 安裝包）檔案，通過 Google Play 和 App Store 審核上架的 App 較為安全。
4. 不要在陌生的裝置上登入錢包。
5. 參加不明新項目時創建新地址隔離風險（一組助記詞可以開無數個地址，其授權和互動都是獨立的）。
6. 去 Etherscan.io（Services → Token Approvals → Connect to Web3 → Revoke）上取消過去的不明授權。也可以使用 Revoke.cash 這個中文網頁來取消授權，更加一目了然。
7. 不要用「複製貼上」來備份熱錢包的助記詞，因為駭客若發現你的電腦或手機中有 12 個英語單詞，很有可能

熱錢包的介紹

會意識到實際用途。手寫助記詞是比較安全的做法。（注意保存！）
8. 有一種騙局叫做「Web3 錢包助記詞騙局」，請見本書 188 頁。

中心化交易所推出的 Web3 錢包

近幾年，許多中心化的龍頭交易所不想錯過 Web3 的趨勢，也紛紛推出自行開發的 Web3 錢包，例如「幣安錢包」（Binance Wallet）、「歐易錢包」（OKX Wallet）和 Coinbase Wallet 等等，主打去中心化和自託管的功能。使用者雖然也要自行負起備份私鑰、助記詞和保管的責任，但從交易所匯入匯回資產會更加方便，除了一站式的無縫體驗，也有全天候的客服為使用者服務。如果你有這些交易所的帳號，也可以考慮從這些交易所開發的錢包開始學習 DeFi。

OKX 錢包
使用介紹

冷錢包是什麼，適合哪些人？

介紹完了 Web3 錢包，相信讀者對於熱錢包已經有了一些認識，那麼冷錢包（Cold Wallet）又是什麼呢？通常我們所稱的冷錢包是指科技品牌如 Ledger、Trezor 或是台灣廠商 CoolWallet 特別為了加密貨幣而設計的硬體錢包。此外，若你使用一台不連網的電腦或手機來儲存加密貨幣，甚至用紙本寫下或大腦來記憶助記詞，也是屬於冷錢包的廣義範圍。本篇文章的冷錢包特指廠商設計出專門拿來儲存加密貨幣的裝置，例如 Ledger 和 Trezor。這類冷錢包適合以下類型的人使用：

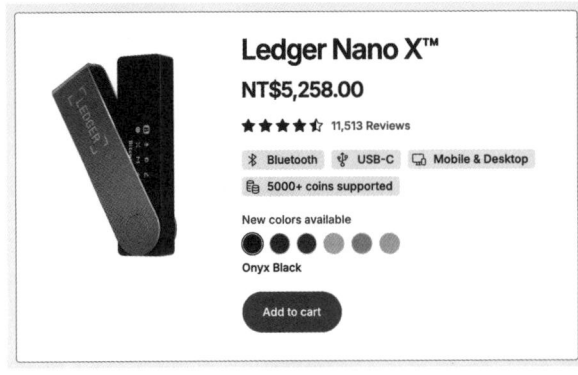

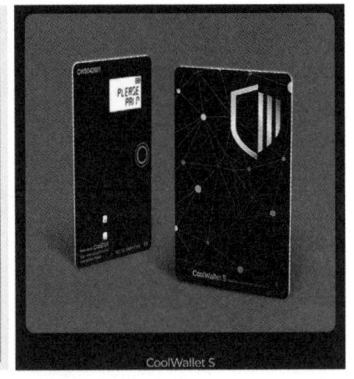

左：長得像 USB 隨身碟的 Ledger 冷錢包
右：長得像信用卡的 CoolWallet 冷錢包

1. **長期持有者（HODLer）**：如果你打算長期持有加密貨幣，而不是頻繁交易，那麼冷錢包是個好選擇。當然，可以搭配將部分需要頻繁交易的資產放在中心化交易所方便交易。

2. **大額資產持有者**：如果你擁有大量的加密貨幣，冷錢包可以提供更高的安全性，減少被駭的風險。需要連網的交易所或熱錢包容易成為駭客攻擊目標，而冷錢包則能離線存放資產。

3. **關心安全性和隱私性的人**：若你擔心交易所倒閉（如 FTX 事件）、駭客攻擊或政府監管問題，冷錢包能讓你完全掌控資產。如果你想保護資產和金流隱私，避免第三方監管或審查，無需 KYC 的冷錢包是最好的選擇。就算冷錢包的廠商倒閉或冷錢包本身損壞，只要你擁有恢復錢包的助記詞，就可以隨時恢復你的加密資產。

相反地，如果你是以下三種類型的投資者，那可能比較不適合冷錢包：

1. **不熟悉技術的新手**：冷錢包需要一定的技術知識（如跨鏈交易）來安全

管理私鑰與交易。如果操作失誤，可能會永久遺失數位資產。相對來說，如果是操作失誤或忘記帳號密碼，中心化的交易所還有一定的機會可以幫忙找回。

2. **頻繁交易者**：因為冷錢包提取資產不夠方便，交易速度較慢。
3. **容易忘記事情的人**：如果丟失硬體錢包、助記詞或私鑰，數位資產可能永遠無法回復。所以使用冷錢包最重要的第一件事就是好好保存備份的助記詞。

雖然冷錢包是目前公認最安全也最具有自主性的加密貨幣保存方法，但還是有針對硬體冷錢包的詐騙攻擊手法：詐騙集團可能駭入硬體錢包廠商以獲得客戶個人資料，再寄送假的硬體錢包給曾經買過錢包的用戶，並在假說明書上指示用戶把假錢包插到電腦裡，誘導客戶把自己真錢包的助記詞轉移到假錢包上，在這個過程中竊取用戶的助記詞並盜取錢包資產。所以讀者在購買冷錢包時，注意不要買到二手或是釣魚網站的假錢包，並且不要輕易相信任何要求你打出助記詞的對象。

冷錢包介紹

總結

中心化交易所（CEX）、去中心化交易所（DEX）、Web3 錢包、冷錢包，各有不同的功能、用途和安全性，建議讀者可以從最簡單的中心化交易所開始學習，直到操作技巧和經驗純熟後，再以 Web3 錢包為入口，加入真正去中心化的區塊鏈世界。若是累積了豐厚的數位資產，或是想成為一位長期持有者（HODLer），就可考慮購入冷錢包建立自己最安全的數位金庫。

2-8 幣圈必追 X 名單與中文媒體

當我們在新聞裡看到某區塊鏈項目要推出新的功能，所以幣價可望上漲的時候，這則消息恐怕已不是「新聞」，而是早已反映到幣價上的「事實」了。雖然我們一般散戶無法輕易得到各個幣圈項目內部的消息，但是比新聞快速的消息管道還是有的，那就是 X.com（前推特 Twitter）。

X.com 作為美國最大的社群媒體平台之一，許多幣圈大佬不時會在個人的 X 帳號發表對幣圈近況的看法，或是提及最近什麼項目正在做什麼事，而許多新聞正是從各大佬的日常推文中擷取的。因此，如果能在第一時間追蹤到幣圈愛發文的大佬觀點，往往有機會搶到一些市場先機。尤其是在加密貨幣與主流金融逐漸整合的這幾年，有時候一些商界、政界名人在社交平台上的言論反而是最快速影響市場的消息面來源。以下介紹幾個值得追蹤的幣圈重要人物與資訊帳號。

趙長鵬（CZ Binance）

x.com/cz_binance

CZ 是宇宙第一大交易所「幣安」的創辦人趙長鵬，根據 2025 年《富

比士》的數據，他以 657 億美元位列世界富豪第二十四名，同時也是華人及加密貨幣世界的首富。他的發文頻率相當高，內容有幣安相關資訊也有市場觀點，行情不好時則常常有雞湯文。雖然 CZ 在 2023 年底因為幣安違反美國反洗錢法被判服刑 4 個月，且已卸下幣安執行長的身分，隨後他更多地提及迷因幣的消息，讓很多「打土狗」的幣圈社群朋友又愛又恨。

邁克・塞勒（Michael Saylor）

x.com/saylor

麥克・塞勒是全球持有最多比特幣的美國上市公司「微策略」（MicroStrategy）的執行長，其公司在 2025 年初改名為「策略」（Strategy），並在商標加上了比特幣的符號。他近年積極發債買進比特幣的策略，隨著比特幣這輪暴漲，讓微策略的市值大增，並在 2024 年底進入了那斯達克 100 指數。這讓全美國和世界各地的眾多指數基金投資人（如 QQQ，即那斯達克 100 指數 ETF）都被動擁有了比特幣這項資產。

他可說是近年來比特幣最堅定的鐵血信仰者，經常在 X 上發表強烈的言論推廣比特幣的價值，例如：「如果你把比特幣與黃金相比，那它是一種超越黃金的資產；如果你與法幣相比，它是一種超越法幣的價值儲存方式。」「企業應該考慮把現金資產轉換成比特幣，因為比特幣是唯一真正的通膨對沖工具。」甚至在 2025 年 2 月底比特幣大跌時呼籲：「有必要的話，賣一顆腎，但保留比特幣。」

唐納・川普（Donald J. Trump）

x.com/realdonaldtrump
truthsocial.com/@realDonaldTrump

　　身為世界上最有權力的美國總統，每當川普宣布加密貨幣的利好之時，就會帶動市場一波大漲，被網民暱稱為「川投顧」。但由於他有時會發表過於激進的言論，之前曾被各大社群媒體封鎖，所以他與幕僚們現在經常是在川普集團創辦的社群媒體平台 Truth Social 發文。2025 年 3 月 2 日，他在 Truth Social 上宣布，將指示相關部門推動 5 種主流加密貨幣納入美國的戰略儲備，包括 BTC、ETH、XRP、SOL 和 ADA，確保美國成為「加密貨幣的世界首都」。

　　此外，他還任命了對加密貨幣友好的矽谷企業家大衛・薩克斯（David O. Sacks）為「白宮 AI 與加密沙皇」（White House AI and crypto czar），來確保美國在這兩個領域能在全球保持領先地位。這與前任拜登政府因為洗錢與詐騙而對加密貨幣採取嚴格控管的政策可謂大相徑庭。

　　川普家族也積極參與加密貨幣業務。他的三個兒子在 2024 年 9 月成立了 DeFi 公司 World Liberty Financial（WLF），並在川普就職前夕的 2025 年 1 月 17 日推出川普幣（$TRUMP）及夫人同名的官方迷因幣（$MELANIA），引發了一波迷因幣的熱潮。川普還宣布前 220 名的川普幣持有者可與他在 2025 年 5 月 22 日共進私人晚宴，據統計這 220 名持有者總共花了 1.48 億美金購買川普幣才獲得這場盛會的入場券，這可以說是相當另類的政治獻金募捐方法了。

伊隆・馬斯克（Elon Musk）

x.com/elonmusk

2025 年初身價高達 4,000 億美金的世界首富馬斯克，除了是知名的科技巨頭，也是加密貨幣的擁護者。他曾在 2021 年短暫宣布可以用比特幣買特斯拉等等利好，也多次發文提及狗狗幣（DOGE）、佩佩蛙（PEPE）等迷因幣，都在短期造成幣價一波拉升，被暱稱為「馬投顧」。在 2025 年初川普政府上任後，馬斯克甚至將新成立的美國政府效率部簡稱為 DOGE（Department of Government Efficiency），可以看出他對於狗狗幣的偏愛。

維塔利克・布特林（Vitalik Buterin）

x.com/VitalikButerin

以太坊聯合創辦人維塔利克・布特林在華語圈的綽號為「V 神」，是一位俄裔加拿大程式設計師。1994 年出生的他，從小就展現出對數學和編程的濃厚興趣。2013 年因為參與比特幣社群的維護和升級，受到啟發而提出了以太坊（Ethereum）的概念，旨在創建一個更靈活的區塊鏈平台，支持智能合約和去中心化應用程式。該項目於 2015 年透過 ICO（首次代幣發行）正式眾籌啟動，以太坊的發行代幣 ETH 迅速成為全球第二大市值的加密貨幣，僅次於比特幣。布特林經常在 X 上分享對區塊鏈技術、加密貨幣市場以及未來科技發展的見解。

亞納托利・亞科文科（Anatoly Yakovenko）

x.com/aeyakovenko

亞納托利・亞科文科是 Solana 創辦人兼 Solana Labs 首席執行官，曾於高通（Qualcomm）和 Dropbox 任職，這些經驗為後來開發 Solana 奠定基礎。亞科文科的 X 帳號時常分享 Solana 技術更新和 Web3 觀點。對於 Solana 生態鏈和 SOL 的未來看好的投資者十分推薦追蹤。

Phyrex Ni

https://x.com/Phyrex_Ni

Phyrex（倪森）是華語圈的重要 KOL，擅長總經與數據分析。Phyrex 針對時事的數據分析採取宏觀和長期的視野，與大部分只追求短期情緒的幣圈老師差別甚大，也是筆者在整理資料時經常採用的資料來源。

安東尼・龐普利亞諾（Anthony Pompliano）

x.com/apompliano

安東尼・龐普利亞諾（簡稱「Pomp」）是超過百萬追蹤的幣圈資深投資人與企業家。他的 X 時常分享比特幣投資觀點與市場行情。他的 Podcast「The Pomp Podcast」邀請多位風險投資人、加密貨幣和科技行業領袖進行對談，該節目下載量已超過 5,000 萬次。

海登・亞當斯（Hayden Adams）

x.com/haydenzadams

海登・亞當斯是去中心化交易所（DEX）龍頭 Uniswap 的創辦人，在 DeFi 領域發文較頻繁且常常有獨到觀點。Uniswap 是建立在以太坊區塊鏈上的去中心化交易協議，用戶能夠在無需中介、無需 KYC 的情況下進行加密貨幣交易，換句話說，更貼近加密貨幣創立之初的去監管理念。對於 DeFi 生態系統有興趣的投資者可以關注他的貼文和見解。

布萊恩・阿姆斯壯（Brian Armstrong）

x.com/brian_armstrong

布萊恩・阿姆斯壯是美國最大交易所 Coinbase 的 CEO，提供美國市場視角及監管相關洞察，對政策影響和主流採用感興趣的人值得關注。

鯨魚警告（Whale Alert）

x.com/whale_alert

區塊鏈上有大筆轉帳發生時，這個機器人帳號會在第一時間推播給追蹤者。「鯨魚」是指擁有許多比特幣或其他加密幣的大戶，這個帳號的即時交易警報追蹤超過 100 種加密貨幣的大額交易，讓用戶及時了解市場動向。同時也提供深入的區塊鏈數據分析，對於理解市場趨勢和資金流向有很大的幫助。

CryptoQuant.com
x.com/cryptoquant_com

鏈上數據平台 CryptoQuant 的官方 X 帳號，時有市場與行情的數據分析內容。CryptoQuant.com 提供的服務包括監測機構投資者、鯨魚和礦工的活動，並通過特定的錢包分析，讓用戶深入了解市場動向。

Glassnode
x.com/glassnode

鏈上數據平台 Glassnode 的官方 X 帳號，時有市場與行情的數據分析內容。Glassnode 也會定期發布市場分析報告，評估市場動能和趨勢，讓投資者下決策時有更多數據支援。

Documenting Bitcoin
x.com/DocumentingBTC

一站式全方位比特幣消息整理帳號，致力於分享比特幣相關的最新資訊、新聞和教育內容。自 2020 年 12 月加入以來，該帳號已累積了超過 100 萬名追隨者，成為比特幣社群中的重要資訊來源。

必追中文幣圈媒體

因為 X.com 上的加密貨幣資訊以英文居多，如果讀者想得知最快速的

幣圈消息，卻害怕自己英文不夠好⋯⋯別擔心，以下列出幾個中文幣圈新聞網站和 Podcast，其中也不乏消息比英文資訊更快更豐富的內容。

1. 鏈習生（chainee.io）
2. Podcast：區塊勢（許明恩）
3. Podcast：寶博朋友說（寶博士，現任立委葛如鈞）
4. Podcast：加密貨幣千萬交易員的呢喃
5. YouTube：邦妮區塊鏈
6. YouTube：區塊鏈日報
7. YouTube：墨山貓
8. YouTube：幣鏈何在
9. YouTube：2140 加密社群
10. YouTube：幣圈發哥
11. 新聞：律動 Blockbeats（theblockbeats.info）
12. 新聞：Odaily 星球日報（odaily.news）
13. 新聞：PA News（panewslab.com）
14. 新聞：深潮（techflowpost.com）
15. 新聞：Foresight News（foresightnews.pro）
16. 新聞：鏈新聞（abmedia.io）
17. 區塊客（blockcast.it）
18. 動區動驅（blocktempo.com）
19. 桑幣筆記（zombit.info）

最後，介紹兩個幣圈知名資訊網站，它們分別是CoinMarketCap（coinmarketcap.com）和CoinGecko（coingecko.com）。這兩個網站每天即時更新幣價、交易所排名和熱門專案等各種數據，關心幣圈生態的讀者絕對不可錯過。

CoinMarketCap和 CoinGecko 的使用方法

Part 3
詐騙類型和泡沫風險分析

如果你不知道收益從何而來,你就是別人的收益

3-1
8 種常見幣圈詐騙類型

「我們幣圈人可以沒錢，但不能沒有風險意識！」在加密貨幣投資的世界裡，一個月賺進一桶金，再用三天的時間賠光的故事比比皆是。有時候，我們會因為一時的貪心而被詐騙者的話術迷惑；有的時候，長期堅持的投資紀律也會被一時的不理性動搖。永遠要記得：這是一個賺錢快，賠錢更快的圈子，尤其是你若初入幣圈，在學習怎麼賺錢之前，一定要先學習怎麼不賠錢。

這個章節會依序探討幾種最常見的幣圈詐騙類型，以及幣圈需要了解的投資風險。相信我，所有人在被詐騙之前，都認為自己不是會被詐騙的那個人。了解坊間有哪些常見的詐騙型態以及經典詐騙案件，有助於幫助我們日後遇到不尋常的情況時更加警覺。

常見詐騙 1：假投資平台／假交易所

我的 IG 粉專之前最常收到的讀者私訊，就是詢問某某交易所是否正派經營，類似的訊息數以千計。這類型的詐騙不外乎取一個很像正常交

易所的名字，抄一個很像正常交易所的介面（因此又稱「仿真交易所詐騙」），然後透過交友軟體、匿名幣圈社群、網頁廣告等管道告訴你可以在這邊交易、賺得很快等等。

在你註冊和入金後，通常在交易所內會不斷地獲利——即使你是個投資新手。他們會創造讓你覺得「這裡的投資很好賺」的錯覺，目的是吸引你繼續入金。他們也可能會請你推薦朋友來註冊，以拿到更高的推薦獎金。

然而，當用戶打算提領資金時，就會發生問題。假交易所會告訴你「你的帳戶存有風險疑慮」、「疑似受到凍結」等，要求用戶「先轉入 10%（舉例）欲提領資金」作為擔保，才能開通提領。

即使他們用的理由可能不同（例如解凍資金費、保證金、政府稅金等等），但意思都是類似的：「你要轉錢進來，才能轉錢出去。」當客服跟你說這些話時，不好意思，這 99.99% 是詐騙。一個正當的交易所無論碰到什麼原因，即使需要凍結你的資金，也不可能要求你額外繳納保證金。畢竟繳保證金是能證明什麼？這純粹是詐騙集團在你要離開前的最後一刻再敲詐一筆的行為。正當的交易所有可能在特殊情況下暫停出金，但任何要求你繳錢才能出金的都是詐騙。

假投資平台和假交易所類型詐騙的特色如下：
1. 不知名的虛擬幣交易所或 App，在 Google 找不到相關資訊，但偏偏有人特別推薦給你。
2. 在你註冊入金前，會有專人一對一無微不至地教學（多數正當推廣人沒時間像保母一樣照顧你）。

3. 成立時間不長。
4. App 內的交易看不出問題,因為可能數據都是造假的。

常見詐騙 2:假投資╱傳銷幣

　　許多不肖分子利用大眾對幣圈投資感到陌生,巧立名目說能幫你投資,從最常見的幫你買比特幣,到說服你加入某個投資團隊,或讓知名投資老師教你怎麼操作。這種詐騙模式不局限於幣圈,但很多沾邊的。這些「老師」、「投資顧問」會搬出許多花俏的投資術語,如「ICO」、「雲挖礦」、「智能合約套利」等等,七句真、三句假的模式讓你摸不著頭腦;如果再搭配「某某國中老師靠比特幣投資月入 6 萬被動收益」等好像很貼近一般人的故事,更是能讓新手小白動心不已,迷迷糊糊就把錢給出去了。殊不知交給「老師」的錢,都是你投資之路上花掉的「學費」罷了。

　　幣圈有句老話:「如果你不知道他哪來的 APY(Annual Percentage Yield,年化收益率),很可能你就是那個 APY。」指的正是如果你不清楚一個高報酬的投資機會背後的運作機制為何,很可能他們的獲利就是來自你的本金。因此,不要心存僥倖,永遠要自己主動了解每筆投資資金如何運用,才能把錢轉出去。

假投資和傳銷幣類型詐騙的特色如下:
1. 假借名人名義,或是自稱有知名老師帶你投資,其實根本沒這個人。
2. 投資模式三分真、七分假。他們會用事實來包裝謊言,藉由魚目混珠的手法讓人難以分辨真偽,例如宣稱「你如果擔心,可以去查查幣安是不

是最大的交易所，我們就是用幣安的出入金⋯⋯」雖然幣安確實是最大的交易所，但跟它一點關係都沒有。

3. 提供許多「平凡人」靠平台獲利的心得分享，實際上都是花 500 元台幣就能刊登的假文章。
4. 入口網站常會有「特惠方案倒數幾小時，錯過不再」的廣告，誘使用戶因一時心急而忽略查證。
5. 讓你投資某種號稱「未來有比特幣潛力」的「新加密貨幣」，事實上根本沒有這條區塊鏈或這個幣。

常見詐騙 3：假社群／假官方

積極搜集資訊的幣圈投資者，有時候會不小心加到（或是被人刻意加入）一個很像是某知名項目的官方社群，裡面有客服也有熱絡討論的群友。乍看之下沒有問題，但你不知道的是，他們的社群、官方客服、甚至群友可能都是假的！他們會在假的官方社群裡討論或推薦某種看似知名平台提供的投資服務，而且似乎有不少已經藉此獲利的群友，殊不知他們都是暗樁！

2021 年 3 月網路上曾經瘋傳一篇 Medium 文章「是的，我被騙取了 10 顆 ETH」，就是一個血淋淋的經典案例。文章作者自述誤信了假的「幣安智能合約客服」（根本沒這種客服），雖然他是有經驗的幣友，甚至看出其中可能事有蹊蹺，最後卻仍被騙走 10 顆 ETH（當時約值 50 萬台幣）。

假社群和假官方類型詐騙的特色如下：
1. 群組藉由類似官方的字眼，偽裝成知名平台的客服或群組。

2. 群組內大量機器人或是暗樁的對話，使受害者放鬆戒心。
3. 限時、限額的促銷與平台大放血活動，讓受害者相信機會難得，且沒有時間查證。

常見詐騙4：資金盤／龐氏騙局

當你發現身邊有不少人在討論某個新型態的投資，好像真的賺到錢了，但是對這個投資的獲利原理好像也說不明白，大家就只是分享這個投資機會而已，如果是這樣，你可能遇到龐式騙局了。

龐式騙局不只存在於幣圈，幾乎只要跟投資扯得上關係就有它的身影，源自於1920年查爾斯・龐茲（Charles Ponzi）設下的詐騙手法，現在泛指標榜高額利息、保本等說詞，透過「後金補前金」，而非正當的投資模式，吸引受害者資金源源不絕投入的手段。時至今日，幣圈常聽見的資金盤、惡名昭彰的老鼠會都是龐式騙局的變種。

龐式騙局可怕的地方在於，所有已經加入的人都有非常大的誘因吸引新人帶錢入局，因為唯有拉到下線才有可能獲利，因此擴散的速度往往比其他詐騙模式快很多。你可能會看到有人真的透過這個資金盤賺到錢，如果這個騙局持續下去，你的確也有可能真的獲利，然而再縝密、規模再大的龐式騙局都有垮台的一天，到最後你會發現自己竟是那個最後加入，血本無歸的倒楣鬼。

龐式騙局會用各種包裝來偽裝，某種新型態的加密貨幣、某個新的高報酬基金、新的投資AI策略等等，共通點是類似的話術「超高報酬、一個月回本、本利全部可以拿回去、極低風險」，但卻說不出背後創造收益

的機制。隨著加密貨幣盛行，出現更多讓受害者難以辨識的話術，例如：「我們這個是透過區塊鏈上的智能合約、AI 及大數據回測，在市場上創造高流動性的虛擬貨幣收益。」但這些乍聽之下既新穎又高端的詞彙並非印鈔機，不可能帶來穩定又過高的報酬率。

資金盤和龐氏騙局的特色如下：
1. 散播快速，透過拉下線快速回本、獲利。
2. 表面上是極高報酬率的投資機會，實際上說不清楚背後的獲利機制。
3. 真正賺大錢的只有最早進場的少數幾個人，以及擁有流量的網紅、老師。

常見詐騙 5：授權智能合約詐騙

加密貨幣的投資不僅僅是在交易所買低賣高，區塊鏈上的各種原生應用也是不少人的選擇。例如去中心化金融 DeFi 平台就是透過智能合約，讓用戶可以直接授權錢包內的資金與平台進行互動。然而，有些不肖的開發者就是打著 DeFi 平台的旗幟，透過類似一般平台授權的過程，實際上卻在多數新手看不懂的地方加上額外授權內容，例如可以在非連結平台時也動用你的資金。

這種類型的詐騙有時候會與假的「空投」一併出現。例如用戶的錢包突然出現一筆巨額不知名的幣，並且只能在某某平台出售。此時，如果用戶連上該平台並授權交易那些代幣的智能合約，就正中詐騙分子的下懷了。因此，如果錢包裡出現莫名其妙的幣，有時候也不要高興得太早，記

得天下沒有白吃的午餐。

還有另外一種授權智能合約的詐騙形式如下：先用各種方法跟你搭上線，例如交友軟體、IG 搭訕、Line 股票群組、Facebook 兼職廣告、Facebook 假名人⋯⋯反正先跟你當上「朋友」，再來教你賺錢的方法，經典套路如下：

1. 先教你如何把台幣轉成 USDT，這裡會教你使用正規的交易所，如 MAX 或 BitoPro。
2. 再教你把 USDT 轉帳到國際交易所，如 Binance、OKX 或 Bybit 等。
3. 要你從交易所轉到熱錢包，如 Trust Wallet 或小狐狸錢包等等。（沒錯，到這裡為止跟本書教的正派方法完全一樣！）
4. 最後當然是騙你簽下智能合約，授權完就可以把錢包的錢全部轉走，然後你的「朋友」就會刪掉聊天室人間蒸發了。

授權智能合約詐騙的特色如下：

1. 包裝成 DeFi 平台的智能合約授權介面，實則授權更多錢包權限。
2. 有可能會以假空投或是高收益投資的機會吸引受害者，搭配假的官方、社群來降低用戶戒心。

常見詐騙 6：Web3 錢包助記詞騙局

當區塊鏈初學者在學習 Web3 錢包的時候，第一個學到的知識就是「千萬不要告訴別人你的錢包備份助記詞和私鑰」。因為只需擁有 12 個英文單詞的助記詞，就可以擁有那個錢包的所有權和裡面的資產，等於交

給別人提款卡或網銀密碼。

　　但是，近年來在許多講解 Web3 錢包的網路影片下方，常常出現奇怪的用戶留言，例如：「我真心感謝你的努力。一個快速的問題：我的商業夥伴把 USDT 發到我的 OKX 錢包，但我不知道如何將其轉移到 Binance。我有助記詞（broken maid nut flat visa wedding vehicle noble ivory chaos hedgehog）。我該怎麼做？」這段留言基本上就是暴露了自己的 Web3 錢包助記詞，希望吸引別人去看看裡面有多少加密貨幣，因為擁有了助記詞就可以擁有裡面的資產（當然，也有好心人會想要先幫忙處理保管，避免被其他人占有）。

　　如果你真的用了這個助記詞備份出了對方的錢包，可能會發現裡面有幾百到幾千美金不等的加密資產，這時候先別開心撿到錢，因為要轉出鏈上資產是需要支付燃料費的，而騙子就是看中此點來賺取手續費。當你真的付了燃料費之後，就會發現並不能獲得錢包裡的資產，因為騙子採用的是更安全的「多簽錢包」（Multisig Wallet），需要兩個以上的用戶同意才能取用錢包資產，燃料費就這樣白白損失了。雖然燃料費通常不高，但詐騙分子吸引很多人上當，就能積少成多。

Web3 錢包助記詞騙局的特色如下：

1. 會在區塊鏈相關教學或網紅影片下方留言自曝 Web3 錢包助記詞，吸引用戶一探究竟的好奇心或是貪念。
2. 因騙徒採用的是多簽錢包，就算知道助記詞也無法轉移其中資產，真正的目的是要騙取手續費。

常見詐騙 7：只能進不能出的貔貅幣騙局

讀者是否記得 2021 年紅遍全球的熱門 Netflix 韓劇《魷魚遊戲》（Squid Game）？這齣韓劇其實還引發了一起經典的幣圈「抽地毯」（rug pull）騙局。魷魚幣（Squid Coin）於 2021 年 10 月 20 日推出，搭配當時的幣圈熱點鏈上遊戲，是一款主打「玩遊戲就能賺錢」（Play to Earn）的 P2E 代幣。投資者買幣後可參與號稱和 Netflix 合作的鏈遊《魷魚遊戲》，目標是在遊戲內賺取更多代幣，迅速吸引了大量買家。魷魚幣推出後短短 10 天，價格就從 0.01 美金暴漲至 11 月 1 日的最高點 2,861 美元，引發主流媒體報導。然而，投資者很快就發現雖然幣價看似漲了萬倍，但自己手中的魷魚幣卻是無法出售的。因為一開始其中內建的智能合約就只允許發幣方可以賣出，其他人的幣都被鎖定。11 月 1 日，創建者在幾分鐘內拋售所有代幣，套現約 338 萬美元，流動性池瞬間被抽乾，價格崩至 0.003 美分，約有 4 萬多名投資者血本無歸。

貔貅幣騙局的特色如下：

1. 貔貅幣騙局是一種常見的幣圈詐騙手法，名稱來源是傳說中的神獸貔貅會幫主人吞下寶物，只進不出。也稱為「蜜罐騙局」（honeypot scams），看似提供誘人的投資機會，但實際上暗藏陷阱，讓投資者無法取回資金。
2. 這種騙局常見於迷因幣市場，因迷因幣的低單價和高投機性常會吸引大量新手投資者，莊家再搭配拉高倒貨（Pump & Dump）割一波韭菜。
3. 投資前先用 Etherscan 或 Solscan 網站查看代幣的買賣紀錄是否只有少許

地址，或使用如 Token Sniffer、Honeypot Detector 等工具檢查合約是否存在限制提款或隱藏功能。

4. 在投入大筆資金前，先進行小額買賣測試，確認是否能正常提款。

常見詐騙 8：當心假駭客和假律師的「二次詐騙」

當受害者被騙錢後，除了去警察局報案之外，在心情失落和焦急之下，也常常會上網搜尋有沒有辦法找回被騙走的加密貨幣。這時候可能就會落入「二次詐騙」的陷阱。

首先，因為同一夥騙子已握有被害人的個資，可能會主動聯繫受害者，假裝是律師、區塊鏈專家或駭客組織，聲稱能追回被騙的加密貨幣，但會要求支付技術費或法律費用。例如，X 上有用戶分享，某受害者在投資假銘文項目損失後，收到 Telegram 私訊，聲稱可通過「區塊鏈追蹤」找回資金，但需先支付 0.1 ETH 作為「技術費用」，最終再次被騙。

此外，很多被害者會上網發文分享自己的經驗，這時詐騙集團會在下方留言介紹自己成功拿回款項的假經驗。受害者自行搜尋到的可以幫助追回加密貨幣的組織也是詐騙集團。騙子還會假扮金管會或警方來聯繫受害者，聲稱其帳戶涉及洗錢或非法交易，要求支付罰款或配合調查。除了號稱可以拿回原本款項，騙子還有一招是掌握被害人想快速賺回損失的心理，誘導受害者參與另一個「高報酬」專案，但實際上這還是詐騙。

二次詐騙的特色如下：

1. 不要相信網路上標榜「快速追回」，自稱律師或駭客的廣告或留言，那

都是詐騙。
2. 主動聯繫聲稱能幫你追回資金的人，都有可能是騙子。官方交易所或錢包的客服不會主動要求提供私鑰或支付費用。
3. 追回資金的正規管道（如法院或警方）不會要求預付高額費用，也不會以加密貨幣支付。

重要提醒：小心交友軟體的騙子

最後，我想跟讀者說，近年來，這些詐騙模式最常用的一種接觸受害者的方式，就是透過「交友軟體」。筆者聽過太多慘痛經驗，他們都是被「朋友」（或是交往對象、投資名人老師與其助理）推薦使用某個交易所或加密貨幣平台投資。這些「朋友」都說用起來體驗很好，也都可以出金，但自己使用時卻只有小額的時候才能出金，大額就不能匯回，反而要繼續付許多不同名目的「稅金或保證金」。筆者細問之下，才發現他們的「朋友」其實只是透過交友軟體（或賣屋賣車網，IG 或 Facebook 傳訊搭話）認識的「網友」，現實中根本沒見過面。那麼很顯然的，這位網友很有可能就是詐騙集團。你以為他推薦你投資管道，其實他只是團夥要詐騙你的本金。而且現在的詐騙集團很厲害，可以跟你聊上一兩個月，每天噓寒問暖，非常有耐心，再搭配 AI 生成語音或是 AI 仿造影片，搭配感情依賴和金錢誘惑，確實讓人防不勝防。

3-2
傳銷幣案例分析

維卡幣：騙過全世界的傳銷幣

2014年6月，一家名為 One Coin 的加密貨幣公司迅速在全球範圍引起關注。創辦人露亞博士（Dr. Ruja）認為比特幣是一個老舊、有許多問題的加密貨幣，因此開創了「維卡幣」（One Coin），一種號稱具有顛覆性和革命性的加密貨幣，將會成為未來世界使用率、覆蓋率第一的加密貨幣。

露亞博士不但號稱是頂尖大學博士、知名投行出身，也曾登上《富比士》雜誌封面，被封為加密女王（Crypto Queen），在2年間，她跑遍世界各地開投資高峰會，影片還曾登上《經濟學人》雜誌的官網。這種全球知名人士推行的項目，在那個比特幣正在復甦的市場，你會願意賭一把致富機會嗎？至少全球高達40億（另一說150億）歐元資金是信了。

然而，光鮮亮麗的一場又一場高峰會、派對的背後，其實根本就沒有「One Coin」這樣的加密貨幣存在，更遑論任何交易價值；「維卡學院」會員們學習的「專業投資技巧」也不過是網路上可以免費下載的比特幣相

關資料修改製作而成；唯一真實的只有官方花錢打造的造勢大會、買來的公眾曝光，以及被避而不談的露亞博士曾被以詐欺起訴的事實。

2017 年 10 月，露亞博士搭上前往希臘的班機後，從此消失於世人的眼中。這一場用區塊鏈、華服、名人、豪宅、精美的說明會包裝的一夕發財的美夢就此破滅。維卡幣是早期加密貨幣世界最大的傳銷、龐式騙局事件。龐式騙局歷史悠久，模式也大同小異：向用戶販售某種商品，但這個商品不是重點，重點是你若是拉更多人進來，你的獲利就能倍增。多數龐式騙局基本上撐不到半年，最後也只有最早期的投資人能獲利，獲利來源就是後面進來的本金了。

傳銷錢包 PlusToken 的龐氏騙局

另外一個知名的幣圈龐氏騙局，是 2018 到 2019 年興起的 PlusToken。PlusToken 是源自中國的加密錢包，聲稱能提供高收益理財產品來吸引亞洲用戶。用戶只要存入比特幣或以太幣等主流幣，就能換取 PlusToken 代幣，項目方並承諾每日會給存戶 1% 收益。看到這種高到離譜的收益率（換算年化 365% 收益），想必讀者心中應該響起警報聲了。沒錯，這也是靠新資金支付舊用戶，同時鼓勵傳銷拉人的龐氏騙局。

雖然在高風險的加密貨幣市場，年化 300% 的收益好像「還好」，但若「保證一定會獲得高收益」，這就絕對是詐騙，因為世上絕對沒有「穩定＋高收益」的商品，只有「穩定＋低收益率」，例如 3-5% 的美國債券利息或是 1-3% 的銀行定存商品；或是「不穩定＋高收益率」，長期平均年化超過 8-10% 就需要承受短期下跌的風險，例如長期投資全世界大盤

指數 ETF（VT）、美國 S&P500 指數（VOO）或是台股大盤 0050 等。投資傳奇人物巴菲特在 1965 到 2023 年的投資生涯裡，平均年化報酬接近 20%，而這樣的表現已經讓他穩坐股神的位置數十年了。

果然 PlusToken 很快就迎來了結局，2019 年 6 月團隊正式跑路，同時捲走約 19 萬顆比特幣和 80 萬顆以太幣（時價約 30 億美元）。中國警方逮捕部分成員，但主謀下落不明，這個事件還一度影響了當時的比特幣價格。有趣的是，這次事件中從 PlusToken 沒收的 19 萬顆比特幣，在 2024 年底讓中國政府成為僅次於美國政府，是世界上擁有最多比特幣國家的第二名。

傳銷幣詐騙 5 大共同特色

1. **快速獲利**。幣圈的放貸收益普遍比傳統金融的行情高，但如果有人聲稱他們的項目能長期給出 50% 甚至更高的快速獲利、低風險機會，基本上就非常危險；如果有人說轉帳多少資金，就立刻轉更多回去，那就肯定是詐騙了。
2. **名額、時間有限**。詐騙的特色之一就是不給你時間思考，利用「剩下幾個名額」、「剩下一天了」等話術哄騙你快點入金。
3. **講不清楚的獲利手段**。任何投資獲利背後都得有原因，如果是靠幣價漲幅，那就得承受幣價下跌的風險。講不出獲利手段的項目通常都很危險。
4. **拿比特幣出來吹噓**。詐騙項目很喜歡拿比特幣的成功跟自己比較，尤其是傳銷幣。據筆者經驗，多數正當營運的幣圈項目會以介紹自己獨有的

願景與應用為主，而非整天說比特幣翻多少倍、自己的幣也可以等等。

5. **異常熱心的客服或推廣者。**除非這個人本來就是你生活中認識的朋友，不然一般陌生人誰有空跟你一對一講這麼多？即使他是項目方的員工，也不可能跟你私聊這麼多，除非他們想賺的不是你投資的手續費或績效費，而是把你的本金整碗端走。

4 招識破詐騙平台

1. **Google。**簡單 Google 一下對方提供的平台名稱，基本上只要沒什麼網友討論或是幾乎都是詐騙資訊，就代表這個平台不可信。
2. **問別人。**不要只向你的資訊來源求證（告訴你的人，可能就是騙子）。可以向第三方、向腦哥的公開社群提問，千萬不要害羞。
3. **CoinMarketCap。**如果有人推薦你投資不知名的幣，可以在這個加密貨幣資訊站搜尋看看有沒有那種幣的資訊。如果找不到，就不要冒這個險。
4. **撥打 165 反詐騙諮詢專線諮詢、檢舉或報案。**

3-3
交易所倒閉與駭客風險

　　說到投資加密貨幣最大的風險，那肯定是駭客攻擊和交易所倒閉了。作為一種新科技和新應用，再加上區塊鏈世界的匿名性，讓駭客攻擊事件相對其他領域十分猖獗。而交易所倒閉事件也是幣圈人最大的惡夢，因為缺乏傳統金融機構的監管，再加上交易所可能遠在海外，若遇到惡性倒閉事件，求償往往曠日費時且勞心勞力，還很可能徒勞無功，讓交易者蒙受巨大損失。就算是當下幣圈最大的交易所或區塊鏈，也幾乎都有被攻擊過或倒閉的歷史，也因此老手們常會建議，需要長期存放的加密貨幣還是選擇離線錢包（冷錢包）最為安全。若投資者不想自己負擔保管加密貨幣的重責大任，也可以選擇有美國證券交易所監管的比特幣 ETF。

2014 年 Mt. Gox 倒閉與駭客事件

　　2014 年爆發的「Mt. Gox 遭駭事件」可說是幣圈早期規模最大的交易所攻擊事件，直接導致了這個當時的龍頭交易所 Mt. Gox 破產清算。直到 10 年後的 2024 年底，仍有許多投資者還在等待償還的比特幣資產。

位於東京的 Mt. Gox 交易所在比特幣早期發展的 2010 年即成立，原本是交易一款遊戲卡牌「魔法風雲會」（Magic: The Gathering）的網路交易所，網友暱稱「門頭溝」，後才出售轉型為比特幣交易所。Mt. Gox 一度處理了高達 70% 世界比特幣交易額。根據執行長馬克·卡佩勒斯（Mark Karpeles）描述，駭客有可能是從他接管交易所之前就駭入了交易所，並透過更改辨識系統，持續地從交易所中竊取加密資產。當時，總共有超過 80 萬顆用戶的比特幣遭竊，換算成當時幣價約 10 億美元。事件爆發期間，比特幣幣價也從 1,200 美元直落至約 200 美元，對全球比特幣投資者影響巨大。

倒閉清算後的 Mt. Gox 交易所經過多年的法律程序後，終於在 2023 年 12 月 21 日首次透過 PayPal 向日本區債權人發送日幣賠償。之後預計再次於 2024 年 10 月底向債權人賠付 14.2 萬顆 BTC 和 14.3 萬顆 BCH，不過由於許多債權人還沒完成接收償還所需的手續，賠款截止期限將延到 2025 年 10 月底。因為 Mt. Gox 需賠付的比特幣數量龐大，每次有預計賠償發放的風聲，都會導致市場出現比特幣拋售賣壓的下跌恐慌。

2016 年以太坊 The DAO 事件

全網最大公鏈以太坊也曾受到一次極為嚴重的駭客攻擊事件。在 2016 年 6 月，以太坊上的去中心化自治平台 The DAO（the Decentralized Autonomous Organization）遭駭客入侵，盜取了約 370 萬顆 ETH，以當時 ETH 每顆 20 美元的幣價來算，約達 7,400 萬美元。這次攻擊讓為數眾多的以太坊參與者損失慘重，為此，The DAO 成員投票決定以「硬分叉」

（Hard Fork）的方式，將區塊鏈的歷史返回到以太幣還沒被盜走的時間再重新驗證一條新的以太坊，以此回復到被攻擊前的狀態，使整起攻擊失效。

這個硬分叉在當時引起極大爭議，因為區塊鏈本來是不可竄改的，這次的分叉卻要在多數人同意的前提下首度打破不可竄改的教條。部分堅持不使用新分叉出去的以太坊的人，持續地驗證與維護舊有的以太坊，成為了現在的「以太坊經典」（Ethereum Classic，代號 ETC）。

從後見之明來說，得到更多人支持的、硬分叉出來的以太坊確實在現在擁有更多應用場景，幣價表現也更出色。分析師指出，2016 年就爆出以太坊鏈上如此大的漏洞攻擊也許是好事，雖然確實在當時造成了傷害，但長期而言，這或許是必經的道路。

2019 年日本／台灣幣寶交易所駭客事件

2019 年 7 月 12 日，日本加密貨幣交易所幣寶（BitPoint），宣布遭駭客入侵熱錢包，上千顆比特幣等共計 35 億日圓（其中 20 億是用戶資產）被盜。影響所及，讓幣寶在台灣設立的分公司也停止服務，用戶不僅無法交易，連台幣帳戶都無法提領。雖然台灣幣寶要求日本幣寶公司返還台灣客戶的資產，但在 2023 年 3 月，日本法院針對幣寶台灣於東京地方法院提告 BITPoint Japan 求償 10.24 億日圓的民事訴訟一案做出判決：駁回原告（幣寶台灣）的索賠請求。據法院公開的裁判內容，法院認為幣寶台灣的主張沒有根據。所以目前台灣的幣寶用戶仍然無法收回損失。

2022 年 5 月 LUNA ／ UST 算法穩定幣脫鉤慘劇

2022 年 5 月 8 日，當時世界最大的「算法穩定幣」（algorithmic stablecoins）UST 被機構狙擊遭到大賣，導致與美元脫鉤，曾經占據市值前十大的 UST 姐妹幣 LUNA 則在數日內暴跌 95%，約 600 億美元的市值直接蒸發，最終導致應該與美元 1：1 的 UST 變得一文不值，這個事件衝擊了整個加密貨幣的生態圈。不同於加密世界所熟悉的其他穩定幣，如 USDT 或 USDC 等是由中心化的機構如 Tether 和 Circle 發行，並保證每發行 1 USDT 就會存入等值的美金作為儲備資產。由 Terra 生態圈推出的算法穩定幣白皮書則制定規則，只要 UST 價值低於 1 美元，Terra 會銷毀 UST 鑄造更多 LUNA，讓價格回到 1 美元，LUNA 的數量增加，價格也會下降。Terra 創始人權道亨（Do Kwon）宣稱只要參與 Terra 的 DeFi 鎖倉項目 Anchor，就可獲得 20% 的年報酬，正是如此高的報酬吸引了投資者購買 UST 鎖倉。除了一般的投資者損失慘重外，許多幣圈大佬如溫克勒佛斯兄弟（Winklevoss）兄弟、FTX 創始人 SBF 和 Coinbase 的創始人布萊恩（Brian Armstrong）也被波及，損失了 4 成到 8 成的個人財產。此事件也衝擊許多幣圈生態，一度造成比特幣和以太幣大跌，更嚴重的是影響了廣大幣圈投資者對於穩定幣的信心。

2022 年 11 月 FTX 交易所暴雷倒閉事件

2022 年 11 月 2 日，專注於幣圈的新聞網站 CoinDesk 發文踢爆了當時世界第二大交易所 FTX 存在潛在的財務問題，這個消息迅速席捲了加

密貨幣產業。被指控資金儲備量不足並挪用客戶資產的 FTX 立刻身陷風暴，並在短短數日後就宣布破產。FTX 的百萬名用戶面臨百億美金的數位資產被凍結與歸零危機，與 FTX 有密切金錢往來的關係企業也紛紛蒙受重大虧損或倒閉，堪稱加密貨幣史上的雷曼時刻。

在 FTX 全球百萬債權人之中，台灣用戶比例是第七名，占了約 3% 到 10% 的數量，所以 FTX 的暴雷對於台灣使用者可以說是影響重大。2019 年 5 月成立的 FTX，因為其針對「交易員」設計的多項特色功能，如出金無需手續費、現貨槓桿、低門檻的子帳戶功能、高活存利率 6% 到 10% 等各項利多，並獲得第一名交易所幣安的投資，開始迅速發展，一躍成為全球第二大交易所，其創始人山姆·班克曼–弗里德（Sam Bankman-Fried，簡稱 SBF，華語區綽號「薯條哥」）也躍居最炙手可熱的幣圈金童。

CoinDesk 在 11 月 2 日那篇關鍵報告指控的是，同樣由 SBF 創辦的加密貨幣造市商 Alameda Research 宣稱的 146 億美元資產中，有 40% 都是 FTX 自己可以憑空發行的平台代幣 FTT，裡面可以用來即時償債的現金及等價物才占 1.34 億，這讓 Alameda 的資產負債表頓時陷入了資不抵債的疑雲。而 FTX 與 Alameda 的關係緊密，交易所的市值與安危極度仰賴 FTT 的幣價，此報告一出就讓 FTT 的價格陷入震盪，而 FTX 大股東幣安，其創辦人趙長鵬（CZ）也表示決定出清自家的 FTT 資產，擔心市場砸盤的風險讓 FTT 再度大跌。11 月 7 日 FTX 的用戶開始擠兌提幣，一天內提出約 6 億美金。11 月 8 日幣價再度大跌 30%，陷入死亡螺旋。此時傳出幣安要收購 FTX 的消息，讓 FTT 意外回穩，但晚間幣價再度雪崩 80%，FTX 交易所也因為流動性耗竭在此日晚間停止了提幣。這也證實了 FTX 確實有動用用戶資金去做其他投資。SBF 本人的身價在這戲劇性的三天也

蒸發了94%，只剩10億美元左右。11月11日FTX正式申請破產保護，時年30歲的SBF也請辭。這個事件讓加密貨幣經歷了最戲劇性也最黑暗的一個禮拜。

在FTX倒閉後，SBF搭私人飛機逃往巴哈馬，被逮捕後引渡回美國受審。2024年3月SBF被美國法院以洗錢和詐欺等7項刑事罪名判處25年徒刑和110億美元的罰金。2025年2月開始，FTX已經啟動還款計畫，債權人可以選擇BitGo或Kraken作為求償的支付方式。當時持有1顆比特幣的債權人約可以獲得1.8萬USDT計價的還款（2022年11月破產時，幣價約1.6萬美金，再加上約20%的利息），不過在2025年初，比特幣的幣價已經高達9萬到10萬美金。截至截稿當下，債權人團體依然正在爭取更高的賠償金額，目前推測有機會拿回更多。

2025年，史上金額最高竊案！Bybit的ETH被盜事件

2025年2月21日，發生了加密貨幣史上（同時也是傳統金融史上）最大規模的盜竊案，總計約15億美元的ETH（約40萬個ETH）從當時世界第二大的交易所Bybit中被駭客竊取。Bybit事後表示，盜竊是發生在一次例行的冷錢包到線上錢包的資金轉移。攻擊者利用複雜的技術手段（可能是針對交易所保管冷錢包的高層進行的私人社交攻擊），操縱了智能合約邏輯並偽裝交易介面，成功將資金轉移到未知地址。

美國聯邦調查局（FBI）於2月26日確認，此案應該是由北韓成立的駭客組織拉撒路集團（Lazarus Group）策劃，因為這與北韓長期利用加密貨幣盜竊資助核武計畫的模式一致。事後駭客迅速將部分以太幣轉換

為比特幣等其他資產，並分散到數千個區塊鏈地址。據區塊鏈分析公司 Chainalysis 和 Elliptic 報告，至 3 月初，約 90% 的贓款已被混幣器處理洗錢完成。

Bybit CEO 聲明公司資產總額超過 200 億美元，足以承擔損失，客戶資金會獲得全額賠償，並加碼提供 10% 的賞金，鼓勵網路安全專家協助追回資金。事發當日，Bybit 面臨超過 35 萬筆提款擠兌，導致數個小時的處理延遲，但最終 Bybit 獲得同業支持，以充足的金流順利度過了難關。這個事件暴露了現在一般認為相當安全的多簽冷錢包轉移其實仍有潛在漏洞。

總結：幣圈的黑天鵝事件，雖然當下會讓市場陷入彷彿資產歸零的末日恐慌，但每次的事件後，總是會讓市場和投資人學到新的教訓和帶來產業的升級。例如 FTX 的破產讓之後的交易所都更加注重「資產儲備」的公開透明化，投資者也注意到保管自己的私鑰是最重要的前提（學習 Web3 錢包或是冷錢包的技術）。

3-4
穩定幣 USDT，危機與現況

想要投資加密貨幣市場的讀者們，第一個要搞懂的當然是比特幣，而第二個要認識的幣種，可能不是長居市值二哥的以太幣，而是美元穩定幣 USDT。USDT（USD Tether，泰達幣）由加密貨幣服務商泰達公司（Tether）於 2014 年發行，是全世界第一個價格錨定美元的穩定幣（stablecoin）。在 2025 年初，USDT 的發行量已經高達 1,584 億美金，是歷史最悠久，同時也是發行在最多區塊鏈的加密貨幣，包括了比特幣（OMNI）、以太坊（ERC20）、波場（TRC20）、幣安智能鏈（BEP20）等鏈。同時，它長期在加密貨幣中市值排行前五，僅次於萬幣之首「比特幣」與智能合約龍頭「以太坊」。

由於法幣與加密貨幣之間的兌換較為繁瑣，許多投資人與交易員在賣出比特幣時，通常是直接選擇持有 USDT（簡稱 U），而非換回本國貨幣，以方便下一次的進場。因此，無論從市值、使用率和影響層面來說，USDT 在現今的幣圈都已經是牽一髮動全身的存在。然而，這樣重要的美元穩定幣，為何卻是眾多人口中的幣圈灰犀牛？

#	Name		Price	1h %	24h %	7d %	Market Cap	Volume(24h)
3	Tether USDT	Buy	$1.00	▼0.00%	▲0.00%	▼0.02%	$158,468,757,047	$69,927,975,094 69.90B
7	USDC USDC	Buy	$0.9998	▲0.00%	▲0.01%	▼0.01%	$62,173,863,128	$8,950,638,546 8.95B
24	Dai DAI	Buy	$0.9999	▼0.00%	▼0.01%	▼0.01%	$5,364,944,979	$19,132,249,629 19.13B
25	Ethena USDe USDe	Buy	$1.00	▼0.00%	▼0.01%	▲0.02%	$5,306,935,087	$94,826,579 94.80M
39	World Liberty Financial USD	USD1 Buy	$1.00	▲0.00%	▼0.01%	▲0.02%	$2,207,229,225	$1,088,403,148 1.08B

2025 年 7 月 4 日，穩定幣市值前五名，USDT 以 1,584 億美元穩居龍頭。川普家族發行的 USD1 則以 22 億美元衝上第五。來源：CoinMarketCap

USDT 使用場景和成為灰犀牛的理由

　　作為市值最大的穩定幣，USDT 在幣圈就像是美元一樣的存在：幾乎所有交易所的期貨合約都以 USDT 為結算單位；幾乎所有中心化交易所在上架新幣的時候，都會上架該幣與 USDT 的交易對；由於它的普遍（泛用）與穩定性，許多使用加密貨幣的交易、支付或轉帳，都會使用 USDT。基於這些原因，最多加密貨幣投資平台提供的服務標的就是 USDT，如各式 USDT 放貸、定存、量化投資等等。可以說 USDT 就是現在加密貨幣市場的基礎結算貨幣。

　　穩定幣之所以能夠使幣價錨定美元有幾種方式，包括「真實美元擔保」、「其他資產擔保」、「供需彈性（俗稱算法穩定幣）」。USDT 使用的方式是「真實美元擔保」，也就是說，Tether 公司每對外發行 1 顆 USDT，他們就要在公司金庫中存入 1 美元，並且當用戶拿 USDT 到

Tether 公司面前，他們必須以 1：1 的價值還用戶真實美元。

然而實務上，Tether 一開始並沒有主動與會計師事務所合作揭露公司的美元儲備，而是在用戶的強烈要求下，才於 2019 年首次公開了公司內的美元儲備，並承認公司只有 74% 的美元儲備。並且，在 2020 年 Tether 將 100% 美元擔保的條款，改為 100% Tether 資產背書。也就是說，Tether 公司不再需要為每顆發行出去的 USDT 儲備 1 美元，而是可以將公司持有的債權等資產也視為擔保內容。在 2021 年 5 月的資產透明報告中，可以看出 Tether 的美元儲備僅剩 3% 左右，主要的資產儲備為商業票據（commercial paper）、信託存款（fiduciary deposit）等等。

由於沒有完全的現金支撐，而是以類似投資部位的其他資產型態作為 USDT 的背書，如果加密貨幣市場發生意料外的震盪，或 USDT 自己的投資出現嚴重壞債與虧損時，可能會無法實現「1 USDT 等值 1 美元」的承諾。屆時如果 USDT 持有者紛紛擠兌，就像銀行受到擠兌那樣，可能會造成難以收拾的連鎖反應。由於這種危機並非完全難以預料，市場上稱其為「灰犀牛」：你看得到它，你知道它可能會造成危險，你只是不知道何時發生。

筆者在 2022 年與 Tether 執行長 Paolo（時任技術長）進行了一次線上專訪。在訪談中 Paolo 描述了一間穩定幣公司「無法只儲存真實美元」的技術困境，以及該公司儲備的美元等價物，如短期美國公債等等的健全。Paolo 在訪談中解析了許多網民對公司運作的誤解，以及他們與會計師事務所的定期資產儲備公開可供用戶查詢。截至本書截稿當下，USDT 確實如他所言未曾出現脫鉤問題，反而是有些人認為安全的 USDC 有過短暫的脫鉤。有興趣的朋友可以回顧這支訪談影片。

筆者與 Tether 執行長的訪談

2025 年 USDT 的儲備現況

儘管在 2019 年，USDT 沒有完整美元擔保已經是公開的事實，但我們也知道 USDT 幣價在過去幾年持續表現穩定，沒有發生過嚴重脫錨或擠兌事件。但是 USDT 實在太重要，又掌握於一間如此中心化的公司，讓許多幣圈人擔心 USDT 若真有垮台的那一天，將會讓整個加密貨幣市場面臨浩劫，不但原先受惠於其方便性的交易與轉帳等運作可能受到打擊，更重要的是它作為結算貨幣，許多還在定存的 USDT 無法領出會造成許多損失；在永續合約市場中作為保證金的 USDT 可能被一舉清算；抵押品以及其他衍生性金融商品也會一層連著一層，如同 2018 年從次級房貸滾出來的金融風暴或許真的會在加密貨幣市場發生。

幸好，在 2025 年初，Tether 公司已將絕大部分的儲備都轉向低風險資產。2025 年 Tether 第一季度報告顯示，現金及現金等價物占 85.05%，遠高於早期。Tether 目前的美元儲備狀況堪稱穩健，持有約 1,492.75 億美元資產，其中 1,200 億美元為低風險的美國國債，並有超額儲備 56 億美元，足以支持目前 1,400 億美元左右的 USDT 流通量。Tether 所持有的 1,200 億美元國債，讓其躋身全球第十八大的美國國債持有者，超越了許多國家，如第十九名德國的 1,116 億。（順帶一提，台灣持有的美國國債約 2,978 億美元，排名第十一。）另外，Tether 的資產儲備裡也包含了 8.2 萬顆比特幣。在這幾年來，Tether 公司已顯著提高儲備的流動性和透明度，然而過去的爭議和未完全審計的報告仍使部分投資者認為應該時刻保持謹慎。

穩定幣競品 USDC

雖然 USDC 一直是第二名的穩定幣，流通量也只有 621 億美元，但擁有更高的透明度和監管合規性。USDC 是由 Circle 公司發行，並和美國最大的上市交易所 Coinbase 共同管理。Circle 受到美國監管機構監督，遵循嚴格的金融法規，如反洗錢（AML）和 KYC 認證。USDC 的儲備金每月接受第三方審計，並公開報告，證明其 100% 由現金和短期美國國債支持。2025 年 6 月，Circle 在紐交所上市，代號 CRCL，帶起一波資本狂潮，首月股價狂飆近 10 倍。

因為有了更為合規的競品 USDC 和其他穩定幣的存在，讓市場不只有 USDT 一家獨大的選擇，也可以激勵 USDT 走向更穩健的道路。另外，因為穩定幣的發行商已經是美債的大量購買者（作為發行擔保品），而美債的穩定則關係到美國維持美元霸權的地位。目前穩定幣的最大應用還是加密貨幣的買賣，所以川普喊出讓美國成為「世界加密貨幣首都」，並積極推動讓穩定幣接受銀行級別監管框架的「穩定幣法案」，也被視為是為了替美債增加流通性與化債，藉此保持世界經濟領先的地位。川普家族創立的 WLFI 還推出自家美元穩定幣 USD1，在 2025 年 3 月才正式發行，7 月就以 22 億美金的市值迅速衝上穩定幣排名第五。

更多關於穩定幣背後的邏輯與機會，有興趣的讀者可以參考筆者「穩定幣的真相」這支影片。

穩定幣的真相

3-5
盤點泡沫風險：ICO、NFT、鏈遊、迷因幣、微策略

泡沫危機：比特幣是 17 世紀鬱金香嗎？

眾所周知的鬱金香狂熱（Tulip Mania）發生於 17 世紀的荷蘭。鄂圖曼土耳其帝國將鬱金香引進荷蘭之後，迅速在荷蘭境內造成轟動與搶購，導致價格瘋狂飆高。而這樣的現象沒有持續太久，1637 年 2 月這陣狂潮在市場找不到更多願意出高價的買方後就迅速消散，僅留下少數的暴發戶與破產的荷蘭民眾。這個事件也被視為歷史上第一次泡沫。

比特幣從 2009 年發行至今的 16 年來，儘管幣價長期來說都是上漲，將它比喻成鬱金香狂熱、甚至是史上最大泡沫事件的觀點數不勝數。作為一個理性的投資人，我們除了了解比特幣有哪些可能上漲的優勢，也要知道它可能會下跌的理由，這樣才能在資產配置時做出最好的選擇。

2017 到 2018 年的加密泡沫：ICO

在 2017 年時，因為以太坊「智能合約」技術日趨成熟，讓全世界的區塊鏈技術團隊，可以透過首次代幣發行（Initial Coin Offering，ICO）來

對加密貨幣的投資者進行公開募資，這是模仿傳統金融的 IPO（首次公開募股），而且可以繞過傳統國家金融機構、券商和銀行的監管，達成新創團隊和投資人的直接交易。理想的情況是，投資者得知某個團隊有關於區塊鏈的新構想，在閱讀團隊發行的白皮書之後，若是看好此計畫，則在團隊的專案官網上投入自己的 ETH，購買這些新發行的 ICO 代幣（相當於購買未上市公司的股份），目標是希望專案成功後，新代幣未來能在交易所上市並增值。

2017 年，加密貨幣市場迎來 ICO 狂潮，數千個新創項目湧入市場。各路區塊鏈新創公司如雨後春筍般推出白皮書，吸引大量散戶投資者。據統計 2017 年全球 ICO 融資總額超過 65 億美元，相比 2016 年僅有的 9,600 萬美元，增長超過 6500%。比特幣價格更是從年初的 1,000 美元一路飆升至 20,000 美元，ETH 也從 10 美元升至 1,400 美元。市場充滿了各種害怕錯失機會的 FOMO 氛圍。

但是大量項目並沒有真正的技術或產品，只是在網頁的白皮書上畫大餅吸引投資者，有些甚至連團隊成員的照片和資歷都造假，一開始就沒打算實現白皮書的目標，例如 Bitconnect 傳銷幣（規模約 20 億美金）、Centra Tech 的加密貨幣借記卡（規模約 3,200 萬美金）等等知名騙局，末期甚至還有一些令人哭笑不得的白皮書，如 MLGB 幣（主打「每個人都可擁有自己的雲端草泥馬」）竟然也可以募到 5,000 顆 ETH。

2018 年 1 月，越來越浮濫的專案，讓各國政府如中國、韓國等國家都明令禁止 ICO，監管政策趨嚴。2018 年 2 月，比特幣價格快速跌至 3,200 美元，跌幅超過 80%。ETH 更從 1,400 跌至 85 美元，跌幅超過 90%，因為 ICO 項目大量拋售 ETH 資金。超過 9 成的 ICO 項目最終被證明是騙局，

大量投資者血本無歸。補充說明：在大量的垃圾項目之中，還是有極少數的成功案例，例如幣安交易所的 BNB、參與質押治理的 Cardano（ADA）、跨鏈技術的 Polkadot（DOT），都是在 2017 年透過 ICO 募資成立的。

ICO 泡沫的亂象之後，暴露了市場缺乏監管與項目詐騙問題。之後各大中心化交易所，如幣安或是 OKX 等，開始推行 IEO（首次交易所發行），由交易所來代替投資人審查各路區塊鏈專案的可信度與可行性，通過交易所審核的專案才能在交易所上架，這就是後來大行其道的 Launchpool 或 Launchpad（也就是「新幣挖礦」，請見本書 4-3）。

2021 到 2022 年的加密泡沫：NFT 與鏈遊

回顧 2021 年的加密貨幣新聞與消息，相信讀者對於各種天價 NFT 的狂潮應該記憶猶新。那時大家都在問這些一個個拍賣出天價的 JPG 檔、GIF 檔究竟是什麼，為什麼區塊鏈能帶起數位藝術品的風暴？NFT 全稱為 Non-Fungible Token，中文翻作「非同質化代幣」或是「不可分割代幣」。雖然我們提到這個詞時，通常都是在指某一個數位藝術品，但其實這個技術，或者說這個詞的本質是一類區塊鏈上的代幣。NFT 技術非常適合用在數位收藏品、數位藝術品、電子證書、電子契約等特別重視「真實性」、「防偽」的數位資產以及商業應用。

NFT 市場在 2021 年爆發式增長，吸引了大量投資者、藝術家、名人和企業進場推出自己的 NFT。然而，隨著市場降溫，許多 NFT 項目的價值大幅縮水歸零，形成了所謂的 NFT 泡沫。舉例來說，推特（Twitter）聯合創辦人傑克·多西（Jack Dorsey）的首則推文 NFT 就從 2021 年 3 月

的 290 萬美元天價跌至 2022 年的轉售拍賣價格數千美金。2021 到 2022 年比特幣牛市期間，許多 NFT 短期轉手漲幅可以超過 100 倍。但時至今日，除了極少數頂級的 NFT 項目，如 CryptoPunks（加密龐克），絕大多數的 NFT 可以說是毫無價值。而那時參與 NFT 市場的名人，也免不了被冠上「割粉絲韭菜」的惡名。在元宇宙還只是一個尚未成熟的應用場景之前，NFT 的應用尚未落地已經被炒作上天，或許 NFT 應專注於音樂、票務、遊戲、DeFi 互動等應用場景，而非單純炒作的收藏品。

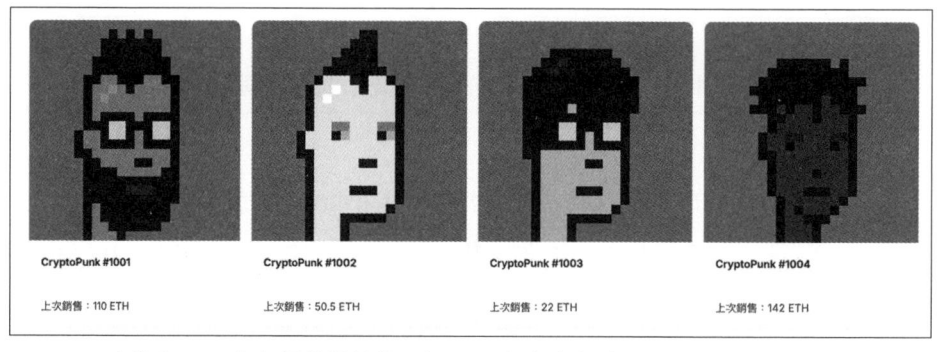

少數在 2025 年初還能保值的頂級 NFT 加密龐克（CryptoPunks）系列。
來源：opensea.io

2021 年同時也是鏈上遊戲的爆發期，一款由越南公司 Sky Mavis 開發的鏈上遊戲 Axie Infinity，打響了「玩遊戲就能賺錢」（Play-to-Earn，P2E）的鏈遊風潮！在這款類似寶可夢怪物遊戲裡面，玩家可以靠交易打遊戲賺來的虛擬寶物 SLP 來賺錢，玩家曾高達 250 萬，吸金超過 10 億美金。高峰期時 Axie Infinity、The Sandbox、Decentraland 帶動了數百萬玩家和數十億美元的代幣交易量，特別在疫情期間許多東南亞的年輕人都是靠代練遊戲來賺取每日生活費。然而鏈遊和其代幣的榮景並沒有持續很久，2022

年中，許多鏈上遊戲因不可持續的代幣經濟和低遊戲性快速衰落，凸顯這股鏈遊風潮的投機風險，畢竟線上遊戲最重要的特點，並不是能幫你賺錢的代幣，而是遊戲本身的可玩性和持續性。

2024 年加密泡沫：迷因幣

跟傳統的山寨幣基於改善之前區塊鏈的缺點或發展新的功能的理念不同，迷因幣通常毫無功能，只是受到某個網路迷因（meme）的啟發，再透過社群炒作或名人網紅來推動價格上漲。知名的迷因幣如 2013 年的狗狗幣（DOGE）、2020 年的柴犬幣（SHIB）、2023 年的佩佩蛙（PEPE）、2025 年的川普幣（$TRUMP）等都曾掀起投資人的 FOMO 狂潮。

而迷因幣在 2025 年的快速興起和數量暴增，是因為發幣技術和門檻大幅降低，創建在 Solana 鏈上的知名發幣平台 Pump.fun，在 2024 年已創建了超過 100 萬個代幣，絕大多數是迷因幣。用戶只需在平台上連接 Solana 錢包，幫新代幣取名稱、符號（ticker）和上傳圖片，再支付低廉的價格（約 0.02 SOL，約 1-2 美金）的費用，即可在數分鐘內建好新代幣。代幣創建後即可在 Pump.fun 上交易，只要越多人購買，價格就會水漲船高，適合快速炒作。當代幣市值達到 6.9 萬美元上限時，平台會自動將部分流動性存入 Solana 的去中心化交易所 Raydium，並燒毀流動性提供者的代幣，防止開發者跑路（rug pull），這個機制稱為「畢業」（graduation）。雖然發幣平台簡化了發幣流程和門檻，但平均的「畢業率」只有 1.4%，這表示 98% 的代幣結局都是淪為「殭屍幣」，不會帶來任何流動性並且在極短的時間內價格歸零。

不過在這數以萬計的垃圾項目之中，我們還是會聽到許多善於炒作，一本萬利的暴富迷因幣。舉例來說，2024 年 11 月，一名 13 歲少年在 Pump.fun 平台發了 Quant 幣，且在直播中以 128 SOL（約 3 萬美元）賣出他的 5,100 萬顆 Quant 幣之後跑路。加密社群開始起鬨買進 Quant 推高價格，市值一度飆升至 8,000 萬美元以上，讓創作者扼腕少賺了 400 萬美元。Quant 的價格劇烈波動，最高漲幅超過 20000%，這個搞笑項目，正好反映了迷因幣市場的投機性和社群驅動的特性。

另外一個經典案例是 2025 年 1 月 17 日發行的「川普幣」（$TRUMP），這是當時即將就任美國總統的川普在專屬社群平台 Truth Social 發文背書的「官方川普迷因幣」。初始價格僅為 6.5 美元，但憑藉總統魅力和社群 FOMO 的買盤，在 1 月 19 日即達到高點 75 美元，漲幅超過 1100%，之後隨即暴跌超過 50% 以上。川普幣總供應量 10 億顆，初期只釋放 2 億顆，其他 80% 由川普旗下公司持有，也引發了總統割韭菜或收取匿名政治獻金的疑慮。

2025 年 2 月 14 日，幣安創辦人 CZ 在社群公布自己養的狗狗名字「Broccoli」（花椰菜），也讓幣安智能鏈（BNB Smart Chain，BSC）上的 Four.meme 和 Solana 鏈上的 Pump.fun 發幣平台同時出現數百款同名的迷因幣，其中一款的市值甚至超越 2 億美金。雖然 CZ 一再強調這些迷因幣與自己無關，但還是引發了同名迷因幣搶購狂潮和隨之而來的暴跌，再度見證了名人和迷因幣引發的強大 FOMO。

川普幣和花椰菜幣的起落，反映的是迷因幣市場的典型縮影，即由名人效應與社群熱情推動一波暴漲，又因投機的本質而讓 9 成的散戶血本無歸。其實這也是資本市場存在已久的一種金融詐騙類型，亦即「拉高倒貨」

（Pump & Dump）。操盤的莊家通常會選擇低市值代幣（或是交易量小的股票，例如香港的仙股詐騙），因其交易量小所以易於操控，再搭配社交媒體利用網紅名人或虛假新聞製造熱度。最後則是上市前幾日快速拉盤以利莊家出貨，但結局必然是在高點拋售後，讓價格瞬間崩潰，割一波韭菜出場。若讀者真的想要靠投資迷因幣來發財，確實需要認知到這就是本質上的賭博，否則有很大機率會落入市場莊家設計好的陷阱之中。

微策略的比特幣槓桿，會是下一波熊市的引爆點嗎？

從2020年8月開始，美國的上市公司微策略（2025年改名為「策略」），因投資比特幣並利用槓桿融資而聞名，其槓桿風險備受關注。微策略主要透過發行「可轉換債券」（convertible notes）和股票增發（ATM equity issuance）及貸款籌資購買比特幣。截至2025年5月25日，根據微策略官網資料，公司已經購買了57.6萬顆比特幣（約占比特幣總量2,100萬顆的2.7%），平均成本為6.9萬美金。這個看似「不務正業」的奇招甚至讓這家公司被列進那斯達克100指數，對於全球投資機構和一般投資人都影響甚鉅，讓許多對加密貨幣沒興趣的傳統投資人都被動擁有了比特幣這個成分。

微策略的槓桿是透過發債與稀釋股權來放大比特幣曝險。若以其比特幣市值對比債務，槓桿比例約為2.5倍。槓桿工具是一把雙面刃，若比特幣價格上漲，微策略的投資人會獲得比投資比特幣現貨更高的報酬，但若比特幣價格下跌，也會讓投資人的收益迅速惡化。微策略股價若因比特幣下跌而崩盤甚至賣幣，也可能引發連鎖反應，如債權人要求提前還款或

股權融資能力受限。更重要的是，若微策略失敗，可能成為「企業比特幣化」（目前全球有78家上市公司仿效微策略買入比特幣來取代現金儲備）的反面教材，而創辦人邁克・塞勒對於比特幣本位的鐵血信仰也會遭受質疑，可能會引發新一波對於加密貨幣的信心崩盤，造成市場的死亡螺旋，這也是很多專家對於微策略可能會成為下一輪熊市引爆點的質疑。

例如知名的比特幣唱衰者彼得・希夫（Peter Schiff）就曾發文指出，若比特幣幣價長期低迷導致微策略股價超跌，投資者可能轉而直接購買比特幣，而微策略的策略將宣告失敗。不過，在上一輪熊市時，即2022年比特幣從7萬高點跌至1.5萬美元時，微策略已證明了自己可以挺過如此巨大的跌幅。邁克・塞勒在2025年初就曾公開表示，就算比特幣跌至1美元，公司也不會被清算倒閉，反而讓他可以「買下全部的比特幣」。且他個人因為擁有公司46.8%的投票權，所以可以確保公司不會違背他的意志變賣比特幣。

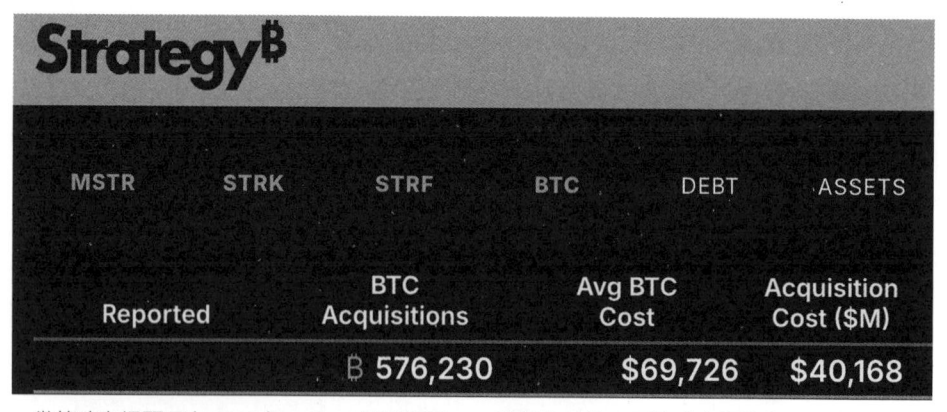

MSTR	STRK	STRF	BTC	DEBT	ASSETS
Reported		BTC Acquisitions	Avg BTC Cost		Acquisition Cost ($M)
		₿ 576,230	$69,726		$40,168

微策略官網顯示在2025年5月25日囤積了57.6萬顆比特幣，平均成本價格為6.9萬美金。
來源：strategy.com

Part 4
進階幣圈投資：放大獲利的 9 種策略

最大的風險，是你根本沒參與這場遊戲
The greatest risk is not being in the game.
—— Anthony Pompliano

4-1
幣圈策略一：長期持有

入門難度：★☆☆☆☆

獲利程度：★★★★☆

風險程度：★★★☆☆

適合對象：價值投資人、長期投資人、幣圈信仰者

投資加密貨幣與股票類似，投資人可以透過基本面、技術指標、籌碼動向等市場訊息判斷幣價走勢，低價買進、高價賣出賺取價差。然而，除了日常追蹤漲跌訊號，幣圈也存在許多交易工具與策略可以幫助你放大獲利。有些策略在傳統金融也用得上，有些則是幣圈獨有。這些策略沒有哪個更好，只有哪個更適合你。讀者可以根據自己的投資屬性與風險偏好選擇適合的策略，多樣化投資以分散風險當然也是十分合適的。不過要記得，做任何投資之前，都要先做好最重要的「DYOR」（DO YOUR OWN RESEARCH，做好自己的研究），為自己的行為負責。

第一個幣圈策略，就是最常見也看似最簡單的「買進持有」（Buy

and Hold）。不過讀者要注意的是，這個策略只能針對長期上漲的資產，以傳統股票圈來說，指的是世界經濟的指數大盤 ETF（VT：全世界 40 多國共 9,000 多家公司）、美股大盤 ETF（VTI：美股 4,000 多家公司；VOO：美國標普 500 大公司）或是台股大盤 ETF（0050：全台灣前 50 家上市公司）。以幣圈來說，能稱為大盤的大概只有比特幣或極少數具有功能和前景的藍籌幣（blue-chip tokens，具有高度市值、穩定性和市場信任度的主流加密貨幣）。千萬不要把這個策略套用在風險性高的個股或是迷因幣、土狗幣、甚至合約策略上。

早在 2011 年，中國的論壇網站「知乎」上就有一位大學生向網友尋求投資建議，他自稱是大三的學生，手中有 6,000 塊人民幣不想放在銀行，該怎麼投資？一位網友當時回答：「買比特幣，保管好錢包，然後忘掉這件事，5 年後再回來看。」恐怕沒人能想到，這個在當時沒引起什麼討論的回覆，竟然能為這位大學生在 5 年後賺進 200 萬人民幣——如果他當時照做的話。

事實上，如果這位同學在 5 年後（2016 年）清空他的比特幣資產，在當時絕對能視為一筆成功的投資。但我們都知道比特幣後來又發生了什麼——牛熊一輪過去，當時的 200 萬人民幣如果能握住不賣，2025 年他已經成了身家 9 位數的億萬美金富翁。

「買進持有」乍聽之下不難，畢竟它不要求投資人選出最好的幣、最好的進場點，也不用花時間盯盤。然而，正是加密資產的高波動性、高話題性讓這件事變得不容易。事實上，大部分比特幣投資人儘管都對區塊鏈的未來有信心，卻很少有人能長期握住不賣。加密貨幣市場的高波動性，讓任何理性投資人都很難不在某個時間點停利或止損。

然而從歷史數據來看，即使你真的是地獄倒楣鬼，是在上一輪牛市高點 2021 年底用當時的高點 6 萬多美元買進了比特幣，只要你堅持持幣，也不用堅持太久，在 2024 年 3 月就能解套，放到 2025 年 5 月的話甚至幣價會達到 11 萬美金。這個理論套用在目前 4 次的牛熊循環都適用，因為每次比特幣牛市來臨後，都會超越上一次的高點。不過當然，比特幣目前只存在了 16 年，跟世界經濟或美國經濟是持續向上（以 200 年為區間計算）的時間幅度仍然相距甚遠，這也是讀者可以多加思考的點。

幣圈人最愛的口號「HODL」是什麼？

　　如果你在幣圈社群待久了，一定常常看到有人故意將「握住」幣的英文 hold 拼錯成 hodl，用來表示他堅決不賣幣的態度。這個可愛的小錯誤最早源自 2013 年，一位網友 GameKyuubi 在比特幣論壇 Bitcointalk 上一篇「我將持續持有」（I am hodling.）文章標題的拼寫錯誤。該篇文章用一種絕望的口吻說道「你們都是擅長抄底、逃頂的投資大師」、「只有我每次一買就跌、一賣就漲」、「我放棄了，我決定握住我的比特幣不賣出，這樣你們就沒辦法打敗我了」。如今我們知道，他的 HODL 投資法確實成為比特幣最無可匹敵的策略。這個小故事後來成為許多比特幣投資人茶餘飯後的話題，HODL 也就廣泛流傳成為幣圈人強烈信念的代名詞了。

長期投資也可以考慮比特幣 ETF

　　2024 年 1 月 10 日，美國證券交易委員會（SEC）宣布批准 11 檔比

特幣 ETF 上市，同年以太幣 ETF 也接續通過，陸續還有其他加密貨幣的 ETF 也正在申請中。和直接購買並持有加密貨幣不一樣，比特幣 ETF 是在傳統股票交易所中交易，不想直接持有比特幣的傳統股票投資者，只需要有證券交易帳戶就可以購買。讀者可能想問，直接購買比特幣和投資比特幣 ETF 有什麼差別？以下就是幾個主要的區別：

一、國家政府監管：大部分的加密貨幣交易所並不接受當地政府的監管，若是選擇了跨國的交易所，當交易所出現問題或倒閉，投資人常會求助無門或需要曠日費時的維權。而比特幣 ETF 則跟上市公司的股票一樣，受到當地政府金管會的監管，相對較有保障。

二、保管費用：比特幣 ETF 須由基金公司收取內扣的管理費，而比特幣購買者只在進行交易時才需要支付交易手續費。

三、ETF 投資者不需要承擔加密貨幣保管的風險。在加密貨幣交易所買賣，需要研究交易所本身的風評、通過身分認證、擔心交易所倒閉、避免轉帳失誤（錯鏈），甚至還要承擔駭客攻擊的風險。直接購買 ETF 則可以免去這些麻煩，因為基金公司會負起保管的責任，就算倒閉也會有國家金融機構的介入。

四、想購買 IBIT 或 GBTC 等比特幣 ETF 的投資人，可以透過海外美股券商如第一證券（Firstrade）、盈透證券（Interactive Brokers，IB）以及嘉信理財（Charles Schwab）下單。另外在 2024 年 12 月，國內的永豐金證券也宣布複委託可交易虛擬資產的 ETF，成為首家正式上線券商。未來應該也會有更多國內券商加入。

長期持有的策略要領：

1. 選擇市值較高，長期表現優異的幣如比特幣（BTC）、以太幣（ETH）、幣安幣（BNB）。

2. 佛系心態：不看盤，不買賣，一幣不賣，奇蹟自來。

3. 將你的幣放到冷錢包，可以避免交易所或電腦被駭客入侵遭竊。

4. 不想負責保管加密貨幣的讀者，也可以考慮購買比特幣 ETF。

4-2
幣圈策略二：DCA 策略

入門難度：★☆☆☆☆

獲利程度：★★★☆☆

風險程度：★★★☆☆

適合對象：長期投資人、紀律投資者

在上一篇「買進持有」的概念之上，這幾年許多人推崇的還有「DCA 平均成本法」（Dollar-Cost Averaging）：將一筆資金在一段時間內，分批買進比特幣或其他想長期持有的資產。透過這種方式，投資者可以在不同的市場價格下持續累積資產，降低單次買入點錯誤判斷所帶來的風險。

DCA 策略最常被提及的時期是在比特幣下跌的期間。對於多數加密貨幣玩家而言，儘管每個人有自己擅長的投資策略與賽道，但通常都會有一部分長期持有（HODL）的比特幣現貨部位。在比特幣價格下跌的期間，很多投資人就會認為這是「分批加倉」的時刻，但由於幣價會持續下跌到什麼價位沒有人說得準，直接將大部分的倉位一次投入的風險較高，因此多數人會選擇準備一筆用來低位接盤的資金「分批買進」。這樣一來，即

使在買進的過程幣價持續下跌，下一批資金又能用更便宜的價格拉低持倉成本；即使幣價立刻回彈，前面投入的資金也能立即有所收益。屬於一種進可攻、退可守的投資策略。

DCA 的風險

DCA 的策略與 HODL 的風險大同小異。原則上，如果你選擇 HODL 與 DCA 的資產並沒有在長期提供正向的報酬，那麼前者你會損失本金之外，後者你持續在低點加倉的部位也可能「越買越跌」，變成許多老韭菜口中的「越攤越平」。因此，選擇在低點堅持 DCA 的資產，通常會是你在幣圈最確信長期價值的主流藍籌幣，而一般最被公認可以 DCA 的也就是比特幣了。

除了要注意幣價本身的長期漲跌和你買進與囤放比特幣的平台之外，DCA 另一個需要留意的就是紀律問題。筆者看過許多幣圈投資人，在幣價短期下跌時，他們能遵守自己制定的 DCA 策略分批加倉，但一旦行情再度發生意外，例如幣價下跌的時間超乎預期，不少投資朋友往往會在「市場最黑暗的時刻」放棄紀律，止損割肉。這是非常可惜的事情。

DCA 的策略要領：

1. DCA 標的要選擇長期穩定且普遍獲得市場認同的主流幣，最好就是比特幣。
2. 鍛鍊心態和嚴守紀律很重要，不要在市場大跌或大漲時中斷自己的策略。

4-3 幣圈策略三：新幣挖礦

入門難度：★☆☆☆☆

獲利程度：★★★☆☆

風險程度：★☆☆☆☆

適合對象：幣安的 BNB 或穩定幣持有者

ICO → IEO → Launchpool

　　在介紹什麼是新幣挖礦（Launchpool）之前，我們先來複習什麼是 ICO。「首次代幣發行」（Initial Coin Offering，ICO）這個詞彙是幣圈模仿傳統股票市場的「首次公開發行」（Initial Public Offerings，IPO），即向大眾融資，只是將早期投資人的權益從「股份」換成「代幣」（token），投資人投入的真金白銀則由法幣換成加密貨幣（通常是擁有智能合約功能的 ETH）。相信資深的幣圈人都還記得上上一次牛市，即 2016 到 2017 年底時，幣圈興起了一股 ICO 的風潮，缺乏政府監管、浮濫發行的白皮書和專案，利用新興的以太坊智能合約概念，結合投資者的 FOMO 心態，

完美實現了小米創辦人雷軍的名言「豬在風口也能飛起來」。這些缺乏應用場景的白皮書和毫無價值的加密代幣，前期曾讓海量投機者致富，但後期有更多項目方跑路或是代幣破發（跌破發行價）、甚至歸零，導致無數投資人追討無門，血本無歸。ICO 亂象也間接導致了 2018 年加密市場暴跌進入熊市。

但在眾多浮濫的項目之中，也會有極少數真正的鑽石，例如 2017 年成立的交易所「幣安」也是透過 ICO 發行了 BNB，才得以獲得足夠資金成立，並持續茁壯成為現在的「宇宙最大交易所」。在經歷了大量 ICO 泡沫破滅之後，幣安、OKX 等國際級交易所痛定思痛，推出了新的玩法，即「首次交易所發行」（Initial Exchange Offering，IEO）。與 ICO 最大的不同是，投資人可以不再只憑新創團隊自己的網頁、單薄的白皮書和真假難辨的團隊名單，來判斷是否投入自己的真金白銀。IEO 是由交易所的業界專業人士事先替投資人評估，再幫助項目方在交易所上架代幣，等於是由交易所來替這些專案查核並背書，大大減少了虛假資訊和項目方跑路的風險。

新幣挖礦（Launchpool）讓你躺著也能賺

為了吸引交易所內的投資者來了解並投資這些新的專案和其代幣，幣安交易所也推出了 Launchpool 的活動，即在新項目和新代幣即將上市前，幣安用戶只需要持有 BNB、USDC、FDUSD，即可在公告的挖礦活動期間內（通常 2 到 10 天）將 BNB 或穩定幣質押（stake）在活動礦池內，活動結束後會根據用戶質押的數量來贈送新的項目代幣，參與的用戶可以在

新幣上架後立刻把幣賣掉（或是保留等待更高的漲幅），實現每次挖礦期間獲得 1% 到 2% 的無風險獲利。用戶之所以會有這樣的福利，是因為項目方會在上市前與交易所談好將代幣的總發行量部分分潤給交易所的用戶，我們可以理解為加密貨幣發行專案的行銷費用。

2024 年擁有 BNB 會獲得 28 次的幣安空投

在 2024 年全年期間，幣安共推出了 21 次的 Launchpool 活動，共有 610 萬名用戶參與這些免費領錢的活動。除了 Launchpool 之外，幣安還推出了 5 次「HODLer 空投」和 2 次「Megadrop 空投」。HODLer 空投不會事先公布活動開始和結束的時間，而是回溯歷史，根據用戶的 BNB 持倉量（活期或定期）進行歷史快照來分配新幣，主要是為了避免用戶在活動結束後立刻拋售造成 BNB 價格的短期下跌。Megadrop 空投則較為複雜，需要用戶完成一些「幣安 Web3 錢包任務 + BNB 存入定期理財」。根據幣安官方統計，幣安歷史上（2017 到 2025 年初）總共推出過 73 個代幣空投項目，累計持有 1 顆 BNB 的空投價值為 313 美金（2024 年 BNB 幣單價為 300 到 730 美金），也無怪乎許多 BNB 的持有者會將其稱為「金鏟子」。

幣安新幣挖礦的策略要領：

1. 持有 BNB、FDUSD 或是 USDC，在公告活動期間即可質押參與 Launchpool 獲得免費的新幣。也可以選擇將 BNB 存入幣安的「活期理財」，就會自動參與每一期的挖礦。不過穩定幣還是需要手動質押才能參與。

![獲得代幣空投資格圖表]

長期持有 BNB，就可以參加多次的新幣空投，無痛獲得潛力新幣

2. Launchpool 的活動是不定期的驚喜，在牛市會比熊市機會多很多。例如 2023 年幣安只上了 13 個 Launchpool，但比特幣減半的 2024 年暴增為 21 個（外加 5 次的 HODLer 和 2 次的 Megadrop）。

3. Launchpool 活動質押期間隨時可贖回本金，配發的新幣數量會依照每小時計算，害怕賺了挖礦卻賠了 BNB 幣價的用戶也可以實現靈活買賣（害怕 BNB 幣價虧損的用戶也可以採用穩定幣來挖礦）。

4. 通過幣安審核的新幣通常是具有潛力的優質項目，投資者也可以研讀白皮書，藉此更加了解幣圈生態和趨勢。

5. 其他主流交易所，如 OKX、Bybit 和 Bitget 也會有類似的送幣活動。對於在交易所無痛獲得新幣有興趣的讀者也可以關注 YouTuber「大方 BigFang」，他幾乎每一期幣安或其他大所挖礦都會出詳細的影片教學，非常適合初學者。

6. 風險提醒：再大的幣圈交易所都有倒閉的風險，就算有交易所背書，DYOR 還是最重要的。此外，用於挖礦的平台幣在挖礦期間也都有幣價下跌的風險，如果不是長期看好的投資人，也可以選擇用穩定幣去質押。

新幣挖礦影片

4-4
幣圈策略四：放貸收息

入門難度：★★☆☆☆
獲利程度：★★☆☆☆
風險程度：★★☆☆☆
適合對象：所有人、風險趨避投資人

如果你屬於穩健型的投資人，不喜歡將主要的投資部位放在比特幣、以太幣等震盪較大的資產上，但又不想錯過加密貨幣的巨大潛力，何不試試放貸呢？市場上永遠有願意支付利息去融資，進而追求更高報酬率的風險愛好者，我們大可以將資金出租給他們，讓別人去承擔市場的風險，自己則賺取不小的穩定報酬。這個策略，就叫做「放貸收息」（Lending）。

收益原理

根據經濟學的完全競爭市場假說，在一個價格資訊公開、進入障礙小且規模足夠龐大的市場，商品價格不會由買方或賣方單方面決定，而是市

場機制會像一隻看不見的手進行協調。在借貸市場，「利率」就是資金的價格，學術界喜歡用 R（rent）作為利率的縮寫而非 I（interest），就是因為他們把放貸（存款）的資金看作像房子的租金一樣，是一種將資產出租換來的報酬。根據市場上供給與需求的平衡，各種不同資產會有不同的利率，不過，在同等安全性的平台，同樣的資產借貸利率理論上會趨於一致。

舉例而言，如果有規模相當的 A、B 兩家銀行，且服務品質、安全性等其他屬性都相同，如果在 A 銀行的台幣存款有 1% 的利息，那就沒有人會選擇到 0.5% 利息的 B 銀行存款。於是，B 銀行也會給出 1% 利息台幣存款，才能吸引用戶；反之，如果多數銀行都只能給出 1% 上下的利息，此時有銀行聲稱能給你 10% 存款利率就顯得很不現實了，因為在同一個市場、同一種商品做投資，若能開出更好的價格，通常就得在其他方面做出犧牲，例如安全性等。

而加密貨幣的放貸，如果是穩定幣如 USDT、USDC，多數平台大約能給出 6% 到 12% 的投資報酬率。如果是比特幣和以太幣等高波動的主流幣，利率大多為 2% 到 6%。這兩者之間的差別，以及一般銀行只給得出 1% 上下的原因，差別就是在借款者願意支付的利息。你會發現如果你在這些借貸平台當借款者，都得支付比放貸利率（存款利息）更高的利率。這個數字通常是實時波動的，換句話說，當市場火熱時，投機性的借款會更多，就會進一步拉高當時的借款與放貸利率。

放貸收息的安全性分析

加密貨幣借貸用戶最常擔心的是，如果跟我借錢的人跑路了，我該怎

麼辦？畢竟加密貨幣追蹤不易，如果他就此不還錢，我豈不是得不償失？

一般來說，加密貨幣的放貸平台分為兩種，一種是如前文提到的，平台充當中間人，將你的資金用更高的利率借給其他投資人。這種場合，平台會要求借款人「抵押」等值或超額的資產作為擔保才能借錢。也就是說，如果借款者沒有按時還款，平台有權利扣押其擔保品並用來幫他償還欠款，放貸用戶暴露的風險是相對小的。加密貨幣市場上，這種借貸媒合服務的龍頭是 Bitfinex，是一間從 2012 年就成立的老字號交易所，也是筆者的美元資產放貸主要的平台，在 2023 年曾做過一支影片介紹可供參考。

Bitfinex 放貸收息介紹

另一種則是平台本身去市場上做投資，這類平台也會取名為「資產管理平台」。本質上，就是用戶將錢借給平台營運者，並相信平台會連本帶利還款。像這樣完全託付給第三方的放貸，就需要用戶自行對平台的安全性與信譽多做了解，建議投資新手選擇主流、老牌的交易所或資產管理平台提供的放貸服務（或債權認購），比較能安心。

放貸收息的策略要領：

1. 慎選平台，風險考量為優先。
2. 據筆者個人的經驗，市場上 USDT 等穩定幣（原則上不擔心幣價損失）的放貸報酬率，優秀且知名的平台依據市場行情大多可以給到 6% 到 12% 年化報酬率。換句話說，號稱超過這個數字的保底收益投資平台可能就要特別留意。你需要知道它的放貸資金是如何運用，才能安心貸出，否則遇到資金盤將得不償失。

4-5
幣圈策略五：流動性挖礦

入門難度：★★★★☆

獲利程度：★★★★☆

風險程度：★★★★☆

適合對象：去中心化金融玩家、熟悉區塊鏈錢包操作者

一提到加密貨幣的挖礦，大部分人想到的可能是用顯示卡或是專門的礦機來挖礦，但「流動性挖礦」（liquidity mining、yield farming）卻不是那麼一回事。它雖然也叫挖礦，卻不是靠打包區塊、驗證節點來獲取區塊鏈的加密貨幣獎勵，這是一種透過「提供流動性」賺取「項目方的加密貨幣獎勵」。「流動性」的白話文就是「錢」，也就是說，就是讓你在區塊鏈上平台「存錢」（有些也可以透過借錢）來「賺取」新鑄造的加密貨幣獎勵。

存款即挖礦

第一個透過流動性挖礦取得巨大成功的幣圈項目，是去中心化借貸平

台 Compound。2020 年 6 月，Compound 推出了「存款即挖礦」、「借款即挖礦」的全新玩法，讓所有在平台上放貸（提供流動性）、借款（使用流動性）的用戶，都能在原先的借貸利率不變下享有額外的 COMP 代幣獎勵。在當時，存款利息本來可能是 5% 到 10% 不等，不過一旦把流動性挖礦收益計算進去，年化報酬率在短期內立刻飆高到數十、甚至數百 % 的驚人數字；而借款方也不遑多讓，本來在平台借錢需要支付個位數字到 10% 以上的利息，多了流動性挖礦收益後不僅把借錢的利息完全補貼，甚至還能倒賺（此即負利率借款的現象）。一時之間，所有幣圈人都集中到了「去中心化金融」（Decentralized Finance，DeFi）這個賽道。由於額外增發平台幣在技術上不難實現，又能藉此吸引大量用戶與資金的關注，流動性挖礦成了眾多 DeFi 平台如 SushiSwap、Balancer 等的招牌特色之一。各個 DeFi 平台市值也水漲船高，也正式拉開「DeFi 夏天」的帷幕。

為什麼要免費送幣？

在過去，幣圈項目向群眾募資都是透過首次公開發幣 ICO 等方式出售平台幣來籌措資金，就像一般的公司，只是公司是用 IPO 募股的方式。概念上，外界透過買幣（股）來投資平台，賺取平台未來營運帶來的收益，而平台則是藉此擴大經營。相較之下，流動性挖礦也是項目方將平台幣公開出售，只不過購買方式從直接花錢購買，變成「提供流動性到平台上」。

這種打破傳統的發幣模式，雖然沒辦法直接讓平台賺到賣幣的利潤，卻有以下這些更加重要的好處：

1. 吸引資金進駐。DeFi 平台在剛起步時，常常礙於用戶不熟悉，導致用戶

數和交易額短缺。透過流動性挖礦可以大量吸引外部資金與使用者，比起發幣時賺到多少錢，平台中有多少活躍用戶才是平台興衰的關鍵。

2. **篩選投資人**。許多幣圈投資人喜歡早期進場，後在高點大量拋售平台幣，形成「割韭菜」風氣盛行，這對平台營運並非好事。使用流動性挖礦而非販售給特定私募投資人，有助於分散平台幣的持有，使幣價成長更健康。

3. **良性循環**。透過用戶參與平台的流動性挖礦，用戶在挖礦的同時也增加了平台的交易量、曝光與收益，間接提升平台市值；而平台市值又會直接反映到挖礦的收益，使更多用戶願意為平台提供流動性。

4. **平台治理**。流動性挖礦的參與者不用額外花錢就能獲得新的平台加密貨幣，而這些平台幣常常是有參與平台決策功能的「治理型代幣」，讓真正參與平台的用戶參與治理，有助於實現去中心化管理的願景。

你的錢，比你想像中值錢

隨著 DeFi 風潮擴散，流動性挖礦一詞現在已經被各大平台用自己的模式轉化運用。其實，從用戶的角度來看，流動性挖礦就跟存款生息沒有兩樣，只不過利息收入多了一份平台幣。用戶將資金存入平台的「資金池」，根據平台營運這個資金池可能用來借貸、造市、保險等各種用途。為了吸引更多人存入資金，簡單來說，平台願意「花更多錢」來使用你的錢，其實與借貸的本質並無二致。而它附帶的風險就是，有時候一些平台會標榜「高 APY（年化收益率）」來吸引資金，但其實卻在後台留下智能合約的漏洞，在用戶資金進駐後跑路（rug pull）收網，讓用戶賺了一點平

台幣，卻失去本金。因此，選擇安全、有運營經驗、有信譽的平台是很重要的。

流動性挖礦的策略要領：

1. 慎選平台。DeFi 平台中有許多打著高報酬率的流動性挖礦服務，但平台安全性卻有待商榷。盡量只選有信譽的平台投資。
2. 慎選幣種。有時候存一些奇怪的幣能賺到最高的流動性挖礦報酬，但這些幣的幣價不見得能維持，因此幣種的選擇要優先於 APY 的高低。
3. 新手可以使用幣安或 OKX 交易所的提供流動性挖礦服務，比實際操作 DeFi 容易。

4-6
幣圈策略六：擼羊毛

入門難度：★☆☆☆☆

獲利程度：★★☆☆☆

風險程度：★☆☆☆☆

適合對象：任何人

什麼是「擼羊毛」（Deal Hunter）？其實就是利用商家提供的優惠活動來獲利。你知道加密貨幣市場也有無本擼羊毛的方式嗎？沒錯，就像麥當勞的報報 App 每天簽到就能領點數，幣圈許多項目有時候也會有行銷活動，只要完成任務就能抽或送小額加密貨幣。只要在各大幣圈社群多多留意，這種機會遠比你想像中的還要多！

領「空投」

幣圈新項目最常見的行銷手段之一就是「空投」（Airdrop）了。以區塊鏈項目 Sonic ($S) 為例，這個公鏈項目就在上線初期透過主動與被動式

空投他們的平台幣 $S 給符合資格的用戶，例如持有他們的白名單資產，或是將資金投入流動性池；以幣安交易所的 HODLer 空投活動而言，也是只要在平台內存入他們的平台幣 BNB（要放在「理財」的「活期」或「定期」存款）就能不時收到新幣的空投獎勵！

但需要注意的是，有些不肖平台會假借送空投的方式，其實是引誘用戶先轉帳至他們的地址。如果是有「入金條件」之類的空投活動，參與之前一定要確認一下平台的安全性。

抽 IEO、IDO

許多新興區塊鏈項目的首次公開發幣，會開放一定數量的限額給大眾參與。這種模式類似於股市的 IPO，不過幣圈現在常見的公眾募資模式是「首次交易所發行」（Initial Exchange Offering，IEO）或是「首次去中心化交易所發行」（Initial Dex Offering，IDO）。多數時候，在 IEO 或 IDO 搶購到的幣價，會比未來在交易所上的開盤價還低得多（當然也有例外），因此如果能抽到公募的機會，通常都是直接選擇 All In，準備翻倍獲利（因為有限額，這邊指的是買最大額度，而非砸身家購買）。

推薦獎勵

從中心化到去中心化平台，許多幣圈項目為了激勵用戶口耳相傳推廣，會給現有用戶推薦碼或推薦連結。如果有朋友用自己的推薦連結註冊並使用平台的話，雙方都能得到一定的獎勵。例如著名的加密貨幣金融卡

Crypto.com，如果你推薦朋友質押辦卡，雙方都能獲得約 25 美元的推薦獎勵（活動規則可能因官方公告調整）。

擼羊毛的策略要領：

1. 時常關心各大 IG、Line 和 X.com 社群，以及幣圈媒體。許多幣圈項目會與媒體合作釋出擼羊毛機會。
2. 留意消息來源，不可靠的資訊來源與不可靠的項目方一樣危險。
3. 留意成本收益比。有些過分優惠的活動，就要更加謹慎，也許是不肖項目方假裝發好康實則別有用心。

4-7
幣圈策略七：合約交易

入門難度：★★★★☆

獲利程度：★★★★★

風險程度：★★★★★

適合對象：短線交易、技術分析投資人

如果你過去曾憑著技術面和籌碼面分析在股市叱吒風雲；如果你認為市場有好有壞，除了買進策略，也該適時進場做空；如果你覺得交易就是要加點槓桿才有感，那麼加密貨幣的「合約交易」（Futures Trading）或許是你會上手的武器。

什麼是「永續合約」？

合約交易全稱為「永續期貨合約」（Perpetual Futures，簡稱永續合約或合約）是一種流行於加密貨幣交易所的衍生性金融商品。它參考了傳統金融中「期貨」的概念，並去除了結算日（交割日）的制度，成為一種理

論上可以永遠持有的投資部位。儘管可以持續持倉，一般的合約交易投資人不會將合約留過夜，因為其槓桿屬性與加密貨幣的高波動性使你很容易一覺醒來驚覺被強制平倉（俗稱強平或爆倉）。因此，合約交易常常被幣圈人用來作為「當沖」的交易工具。永續合約之所以熱門，主要原因有以下幾點：

1. **允許做多與做空**。永續合約與期貨相同的保證金交易制度，讓投資人可以不先持有現貨就能做空市場，使交易員操作更加自由。
2. **支援高倍率槓桿**。幣圈人都是瘋子，交易比特幣還很愛開 10 倍甚至更高的槓桿。
3. **手續費較低**。合約交易不用真正買賣現貨，且交易手續費通常比現貨交易低，適合短進短出的快速交易者（fast trader）。
4. **對沖風險**。對於持有比特幣現貨的投資人，可以不必賣出比特幣部位，而是透過在合約市場做空來對沖短期幣價下跌的風險。

特色	永續期貨合約	傳統期貨
到期日	沒有到期日	有到期日，以天、月或季度計算
資金費率	有，為了讓現貨和合約價同步	無資金費率
槓桿	通常很高，可達 100X 或 125X	通常較低，根據交易所而不同
交易時間	24 小時全年無休	受限於傳統股市交易時間

永續期貨合約與傳統期貨的差別。來源：Coinbase

合約交易原理

就像現金交割的期貨一樣，合約交易並非實物買賣，而是投入保證金

並透過預測幣價上漲或下跌以從中獲利，預測上漲就做多、預測下跌就做空。舉例來說，假設現在 XRP 幣價為 1 美元，而我看好 XRP 未來的表現，此時手中有 100 USDT 的資金想投入 XRP 交易的我，就可以選擇以下兩種方式：

1. 現貨交易：直接用 100 美元買進 100 顆 XRP。
2. 合約交易：用 100 美元當作保證金，開 5 倍槓桿，做多 500 顆 XRP。

假設 XRP 上漲 10%。我在 1.1 美元的價位出售手中所有 XRP 部位。如此一來，我的盈虧狀態分別為：

1. 賣出 110 美元等值 XRP，獲利 10 美元，合計獲利 10%。
2. 平倉 500 顆 XRP 的合約部位，現值 550 美元，獲利 50 美元，合計獲利 50%。

憑藉槓桿的力量，我硬生生賺了市場正常獲利的 5 倍。但可別以為合約交易就是獲利機器，讓我們看看下一個情景：假設 XRP 下跌 10%，我在 0.9 美元的價位出售手中所有 XRP 部位。如此一來，我的盈虧狀態分別為：

1. 賣出 90 美元等值 XRP，投資 100 美元虧損 10 美元，損益為 10%。
2. 平倉 500 顆 XRP，現值 450 美元，虧損 50 美元，損益為 50%。

任何投資都是一樣的，多一分報酬率就多一分風險，尤其是槓桿交易更要以風險為優先考量而非獲利，才能長久獲利。

爆倉與插針

由於幣圈合約交易通常意味著高倍率槓桿，「爆倉」與「插針」是不可不提的概念。爆倉就是期權交易中的「強制平倉」，當合約部位浮動虧損來到 100% 時，視同「你的保證金已經賠光」了，那這一個合約部位就會被迫讓交易所幫你全部賣出，就像倉位爆了一樣。如果你是開 20 倍槓桿比特幣做多合約，那麼只要比特幣跌 5%，5% × 20 = 100%，你的保證金就不足以支撐這個合約繼續運行，如果沒有及時補進足夠的保證金，就會爆倉了（賠掉這筆交易全部的保證金）。

「插針」則是合約交易者的噩夢。它是指幣價 K 線圖上會出現一根長長的上影線或下影線，這代表幣價在當時迅速飆漲或崩跌，又快速回檔或反彈。假設你的 20 倍合約其實方向做對了，幣價最終上漲，但幣價在上下震盪的過程中一度跌及 5% 觸及你的「強平」價格，那麼即使後來幣價有漲回來，只要這根針有插到那個價位，整個倉位還是已經爆了，不會因為後來幣價漲回來而補回損失。

注意「資金費率」（Funding Rate）

什麼是資金費率？這是交易所為了保持合約價格與標的現貨價格之間的平衡而設定的費率。這筆費用並不是被交易所收走，而是看多和看空交易者之間的資金交換，用來使合約價格與標的資產價格不要差距太大。

當永續合約的標的價格偏離現貨價格時，交易所會藉由調整資金費率來促使多頭或空頭向反方向支付資金，從而使合約價格回歸現貨價格。當

市場趨勢看漲時，資金費率通常為正值，此時看多的人要向看空的人支付資金費率（通常 8 小時結算一次）。相反地，當市場整體恐慌看跌時，資金費率則為負數，此時是空頭需向多頭支付費用。所以藉由觀察當下資金費率是正還是負，可以讓我們了解市場的普遍情緒。

正資金費率：通常代表市場過度樂觀，可能預示回調。

負資金費率：通常代表看跌情緒，價格可能觸底。

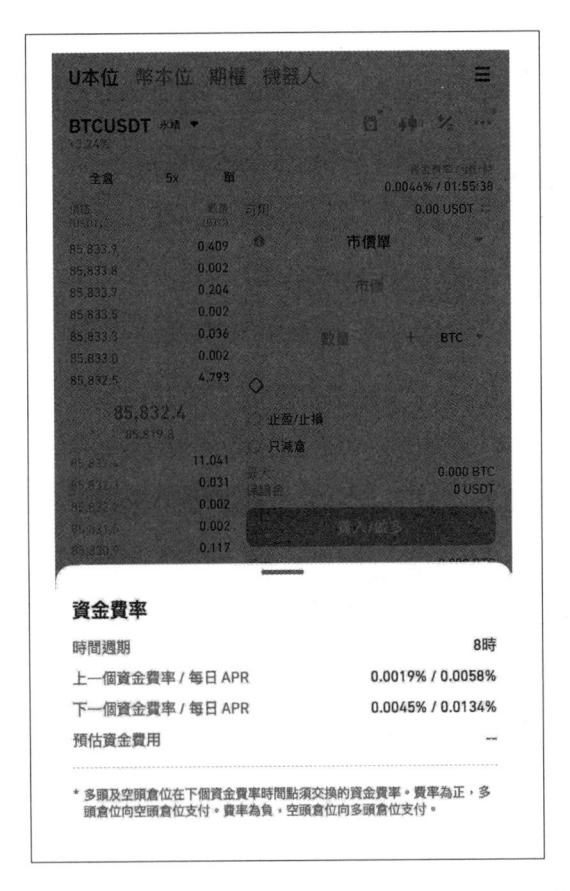

資金費率為正，代表看漲 BTC 的投資者需支付額外費用給看空的投資者，即此時市場上多數投資人是看漲 BTC

技術分析

人們常說股票投資有三大面向要關注，分別是基本面、籌碼面和技術面。其中，對於講求快速進出的合約交易員而言，最愛用的當屬技術面分析了。所謂的技術分析，指的是透過研究市場過去的幣價波動、成交量等尋找出幣價漲跌的規律，基於「歷史雖不會重複，但會押韻」的信念，透過過去的幣價走勢圖歸納出能預測未來走勢的指標。

由於三大面向中，唯一最能把經驗與技巧無痛從股市搬來幣圈操作的就是技術分析，再加上基本面的消息通常是提早反映或是延後反映在幣價上，不適合用於快速進出的操作。種種原因都讓對於價格波動特別敏感的合約交易員鍾情於技術分析，裸K、亞當、布林通道、維加斯通道等流派都各自有其愛好者。只要交易員能恪守止盈止損的紀律，多數技術指標都能很好地輔佐交易。

合約操作的策略要領：

1. 嚴格設定止盈止損。高倍率合約不放過夜。
2. 善用技術分析找到短線幣價動向。
3. 關注資金費率的正或負，這也是參與者需要付出的成本。
4. 可利用合約對沖現貨部位的風險。

合約交易操作入門

4-8 幣圈策略八：機器人交易

入門難度：★★★☆☆

獲利程度：★★★★☆

風險程度：★★★☆☆

適合對象：交易紀律欠佳或沒時間盯盤的投資人

「文藝復興」（Renaissance Technologies）是全球知名的對沖基金公司，管理超過 1,300 億美元資產（2021 年 1 月）。其中表現最突出的一檔資金 Medallion Fund 更是在 1988 年到 2018 年，長達 30 年平均年化投資報酬率高達令人吃驚的 39%。能做到這種長期績效，文藝復興的創辦人西蒙斯（James Simons）畢生信奉的投資信條就是「量化交易」（Quantitative Trading），文藝復興也被視為量化基金公司（Quant Fund）的代表。

量化交易是指透過大量歷史數據回測，分析出具有交易優勢的策略，並透過機器人自動化執行的交易方式。之所以能在現在的各大交易市場成為顯學，背後蘊藏了兩種優勢：

1. 讓電腦來消化分析海量數據，往往比讓人來分析更有效率。

2. 無論是人或電腦所制定出的一套策略，在實戰中，人的操作往往會受到情緒干擾而無法完美執行策略。

隨著加密貨幣市場蓬勃發展，近年來也有越來越多帶著各種量化工具的專業團隊進入市場，並取得不錯的成績。不過讀者需要注意的是，雖然市面上有許多標榜量化交易工具、收益回測超越多少％的策略團隊，其背後的量化策略不見得就真的會幫你賺錢。因為事實是，並非數據抓得越多就越能獲利，而是正確的策略與適當的後期調整才能長期獲利；此外，專業的量化交易工具往往會收取較高的服務費用或是要求客戶投入較大的本金，我們散戶最適合在幣圈使用的，還是「邏輯乾淨、有效率」的自動化交易機器人。

自動化交易機器人，顧名思義是用戶投入資金後，機器人就會根據你的要求，在幣價走勢上漲、下跌或特定行情出現時，幫你執行買賣的操作。這類型交易機器人給予用戶的優勢有三個：
1. 交易邏輯簡單，投資人對於機器人的操作一目了然。
2. 機器人交易不受情緒干擾，可完美執行策略的要求。
3. 交易機器人不需要睡覺，當行情在半夜來時也能捕捉。

更理想的是，目前主流的加密貨幣交易所，例如 OKX、派網都有內建數種不同的免費的交易機器人，用戶可以根據自己的需求自由使用，以下簡單介紹幾種最常見的類型。

常見的「自動交易機器人」類型

一、網格交易

綜觀各種金融資產價格的走勢，無論是股市、基金甚至是加密貨幣市場，很少有直線向上或直線向下的走勢，無論牛市或熊市，大部分時間幣價都是上下震盪。既然如此，在其他人忙著追高殺低的時候，我們何不遵循歷史規律，在幣價走高時分批獲利賣出，在幣價走低時分批進場抄底？網格交易就是基於這種邏輯建構出的一種策略。

網格的原理就是字面上的意思，將幣價切割成一格一格。投資人需先配置好兩種資產，例如一部分的 BTC 和一部分的 USDT；每當 BTC 上漲時，每次觸及一格，機器人就幫你賣出一點 BTC；當 BTC 下跌時，每觸及一格，機器人就幫你買進一些 BTC，以此實現在上下波動的行情中賺取穩定的買賣價差收益。網格交易在幣價上漲時能平穩獲利，在幣價下跌時能分批低點買幣，屬於相對平穩的投資策略，受到許多新手投資人的喜愛。然而，需注意的是如果買到幣價下跌一去不復返的幣，仍會蒙受嚴重損失，並非有波動的市場就一定能夠獲利。

網格交易是一種我們能自己手動操作的交易策略，但這種邏輯簡單、操作繁瑣的交易策略，特別適合寫好參數便交給機器人去跑，這也是為什麼多數投資人使用網格交易策略時都是直接用機器人運作。事實上，網格交易機器人也是我的 YT 觀眾最喜愛的一種機器人，相關的介紹可以看我這部影片。

網格交易機器人介紹

二、合約網格

合約網格是一種在永續合約市場與執行網格交易策略的交易機器人。跟一般的網格機器人相同的是，他們都是在幣價下跌時加碼、上漲時減碼的邏輯，但差異在於，一般的「現貨」網格機器人無法在下跌的大行情做空獲利，只能持續買入便宜的現貨等待上漲；而合約網格由於網格交易可以做多、做空的彈性更強，使用「做空網格」的話甚至能在下跌的熊市行情賺進「震盪收益＋下跌的做空收益」。合約網格比起現貨網格的優勢主要有以下兩個：

1. **彈性更大。**合約網格分為做多、中性、做空三種策略，可以在不同行情中使用適合的策略。
2. **資金效率更高。**現貨網格交易容易受人詬病的一點是資金效率不足，因為機器人總是需要預留不少資金等待幣價漲或跌到才會執行交易。合約網格透過槓桿的可能性彌補了這一短處。

而伴隨著優勢的，當然也有幾個合約網格的缺點：

1. **風險更大。**現貨網格就像長期持幣一樣，即使幣價超出網格區間許多，也可以繼續拿著買到的現貨比特幣；而合約網格如果區間被跌破或漲破太多，有可能直接爆倉。有些人為了追求資金效率，在合約網格上加了 10 倍以上的槓桿，最後波動一來連震盪的收益都能虧光。
2. **資金費率支出。**許多人喜歡用「低倍率槓桿」執行「做多合約網格」，將它視為高資金效率的現貨網格版本。原則上在一段上漲的行情它的獲利會比現貨網格高，但如果幣價長時間持續平盤，則有可能在做多倉位的比特幣持倉因為每 8 小時需要支付的「資金費率」導致整體績效不見得更具優勢。

總而言之，合約網格屬於掌握了合約與網格後，想要有更多彈性交易的用戶愛用的機器人，對於新手朋友，建議還是先熟悉現貨網格後，再逐步學習。可以參考我的這支影片，有比較完整的介紹。

合約網格介紹

三、期現套利

期現套利是加密貨幣市場獨有的投資策略，它是一種透過永續「期」貨合約與「現」貨之間套保，對沖掉幣價波動的特性後，穩定賺進「資金費率」的套利方式。

我們在本書 4-7 提到資金費率是一種永續合約的衍生費率，由於永續合約沒有到期日，為了避免期貨價格與現貨價格脫鉤，每 8 個小時需計算一次當下的期貨、現貨價差。如果期貨價格高於現貨，說明做多的比例高於做空，資金費率為正數，則持有做多合約的用戶需要支付一筆費用給持有做空合約的用戶，反之亦然。這筆費用就是「資金費率」，是一種用來平衡多空比例，使期貨價格與現貨價格長期趨於一致的機制。

綜觀各大交易所的歷史數據，資金費率長年來幾乎都是正數，這說明合約市場長期都是多方的比例高於空方，也說明長期以來，持有做空合約能持續且穩定地賺進資金費率。

這就是期現套利機器人發揮作用的時刻了，考量到單純持有一個做空合約可能會在幣價上損失，期現套利的策略會幫用戶同時在現貨市場買進同樣多的現貨，在期貨市場開同樣多的空單。這樣一來，幣價的漲跌兩邊就會抵銷，金融術語稱為對沖。而對沖掉幣價漲跌後，剩下來給投資人的就是持有做空合約，每 8 個小時會計算一次的資金費率了。換句話說，只

要合約市場長期持續保持多投比例更高,期現套利就能成為一種極低風險的每 8 小時收獲一次資金費率的策略。

比起有賺有賠的投資模式,期現套利更偏向穩定收利息的放貸策略。當然,在行情不好時,資金費率如果是負值,期現套利機器人可能會發生虧損。但反過來說,在行情極度樂觀時,期現套利可以低風險賺進相當可觀的年化報酬率。

四、其他策略

在主流交易所如 OKX、派網當中提供了不下 10 種免費交易機器人。有些交易機器人會幫用戶追蹤技術指標,有的機器人能幫用戶透過期權市場的工具做到低點買入等等,讀者可以在習慣的平台中慢慢探索。值得注意的是,量化交易不是萬靈丹,一種預期獲利更高的機器人風險勢必也會更高,一種更穩的交易策略則相對獲利就有限。坊間有不少假冒量化交易、交易機器人的詐騙平台,讀者們應審慎評估各家交易機制與收費、平台安全性等再進行投資。

使用交易機器人的策略要領:

1. 慎選平台。詐騙分子最常偽裝的就是 AI、機器人等服務商,投資前須再三確認平台安全性。
2. 了解不同策略適合的市場、行情與風險。
3. 分散投資,不要全押在同一種策略。

4-9
幣圈策略九：選擇權交易

入門難度：★★★★☆

獲利程度：★★★☆☆

風險程度：★★★☆☆

適合對象：有組合套利及對沖避險需求的專業投資者

如果我們用數學難度來比喻金融商品，最基本的現貨買賣就像加減乘除，進階一點的期貨和合約就像一元二次方程式有點抽象，至於「選擇權」對大部分的人來說可能比微積分還困難。不過，看完本篇的內容和影片，你會發現幣圈的選擇權交易，可能比傳統金融市場的選擇權更適合大眾。

選擇權的原理

簡單來說，幣圈的選擇權（option，又稱「期權」）就是加上了時間參數的衍生性金融商品，是允許投資者在未來某特定時間以約定價格買入或賣出比特幣的「權利」（注意，不是「義務」）。更直覺的理解，可以想像成是日常買賣中「不可退還的訂金」概念。選擇權除了分為「買權」

（call option）和「賣權」（put option），角色也分為「買家」和「賣家」。「買權買家」是給予持有者在到期日（expiration date，或稱行權日）以特定的行權價格（strike price，也稱履約或執行價格）買入比特幣的權利，適用於看多的投資者。「賣權買家」則是給予持有者在到期日以特定價格賣出比特幣的權利，適用於看空的投資者。而權利金（premium）則是購買選擇權時支付的費用，費用受到市場波動性、到期時間和比特幣當前價格等因素影響。

所以，作為買權的買方（看多比特幣），需要支付權利金以獲得選擇權，在比特幣上漲時可以實現無上限的獲利，但在比特幣下跌時風險僅限於虧損權利金。而買權的賣方（看空比特幣或中性偏空）目標則是收取權利金，但在比特幣下跌時則需要承擔很高的風險。選擇權可在到期前交易，或在到期時行使，若無利可圖則可放棄權利（只損失權利金）。此外，交易選擇權時除了可以當買方買進「買權」和「賣權」，也可以當賣方賣出「買權」和「賣權」。這四種方式的運用策略如下：

1. **買權買方（call option buyer）**：看多比特幣，支付權利金以獲得可用執行價格買入比特幣的權利。看對方向（大漲）時回報無上限，看錯（大跌或波動不大）則損失有限（僅權利金）。

2. **買權賣方（call option seller）**：基本上看空比特幣或中性偏空（預期價格不會大幅上漲），目標是收取權利金，承擔以執行價格賣出比特幣的義務。看對方向（大跌或波動不大）時收益有限（僅權利金），但看錯方向（大漲時）必須低價賣出，潛在損失無限。

3. **賣權買方（put option buyer）**：看空比特幣，支付權利金以獲得用執

行價格賣出比特幣的權利，適合預期熊市來臨的投資者。當看對方向（大跌）時獲利無限，看錯方向（大漲）則損失有限（僅權利金）。

4. **賣權賣方（put option seller）**：看多比特幣或中性偏多（預計價格不會大幅下跌），目的是收取權利金，承擔以執行價格買入比特幣的義務。預期獲利有限（僅權利金），但風險無限（若價格暴跌則須高價買入）。

選擇權的優勢和劣勢

看到這裡，讀者可能想問：如果只是想要做多比特幣，為何我們不直接選擇購買現貨或是永續合約，而要使用相對難懂的選擇權呢？主要是選擇權有以下幾種優勢：一、不會爆倉的合約；二、跨式選擇權可對沖重大事件的波動；三、相對於傳統金融選擇權，幣圈玩法的優勢。

一、不會爆倉的合約。選擇權跟合約都是使用保證金制度，相對於現貨可以做到更好的資金效率應用。再來，除了同樣擁有槓桿以小博大的優勢，選擇權和合約交易最大的不同，就是只要方向看對，過程中不用擔心插針爆倉或追繳保證金，這也是為何選擇權會被稱為「不會爆倉的合約」。

二、跨式選擇權可對沖重大事件的波動。在某些可能影響幣價的重大事件發生（例如聯準會公布利率調漲或是美國總統選舉開票）日期之前，雖然我們無法確定幣價會漲還是會跌，只能肯定結果公布時應該會有很大的波動率，這種情況下我們可以在消息公布日之前同時買進一張買權和一張賣權，這樣一來無論到時幣價大漲還是大跌，都可以賺到槓桿的收益。就算幣價的波動不如預期劇烈，僅是小漲小跌，也只會損失小額的權利

金。這就是被稱為「跨式選擇權」的避險策略，是期貨和現貨市場都無法辦到的特殊玩法。

　　三、相對於傳統金融選擇權，幣圈玩法的優勢：1. 加密貨幣交易時間是 24 小時全年無休，不會有休市時價格不連續的跳空情況。2. 傳統金融市場通常現貨和期貨由不同的經紀商負責，而大型加密貨幣交易所都有一站式服務，資金調度的便利性更高。3. 比特幣的波動率通常比股市大盤更大，而選擇權交易的本質其實就是波動率。4. 加密貨幣選擇權的交易對手較不成熟，所以傳統金融的專業期權玩家相對有優勢。

　　當然，任何交易工具都是中性的，雖然前面講了選擇權的很多優點，但讀者也需要充分了解它的缺點。首先，當選擇權的買方（不管是買權或賣權）需要先付出訂金，所以前置成本偏高，而勝率卻是低於 5 成，因為若是市場漲跌幅不夠大，這個波動就無法賺回一開始付出去的權利金。而當選擇權的賣方則正好相反，雖然勝率較高，然而面對行情劇烈波動時，卻是收益有限，風險無限。這個概念十分重要，也是玩選擇權最需要注意的風險。

　　對於選擇權玩法有興趣的讀者，可以觀看筆者這支影片，裡面有更多的實例和實際操作步驟（14 分 20 秒處）。

選擇權的介紹與操作

使用選擇權的策略要領：

1. 選擇權的「買方」，無論是買權（看多）或是賣權（看空），不僅方向要正確，還要波動率夠大才能開始獲利，所以是風險有限（損失權利金），但獲利無限。

2. 選擇權的「賣方」，無論是買權的賣方還是賣權的賣方，獲利都是有限的（獲得保證金），但損失卻是無限。玩選擇權搞到傾家蕩產的，幾乎全部都是「賣方」風險控制不當所導致。所以在投入之前，一定要先搞清楚這兩者權利和義務的差別。

附錄
幣圈術語小辭典

圈內行話（Buzz Words）和區塊鏈名詞

不論是在英文或中文的比特幣論壇中，總是會出現許多讓新手一頭霧水的詞彙或縮寫，本篇彙整了幣圈經典用語和區塊鏈專有名詞，當然其中也有很多是股票的共通用語。

51 Attack：51 攻擊。在如比特幣等去中心化網路中，如果有一方實體獨攬系統中 51% 以上的驗證節點算力，即破壞了分散式治理的性質，可能出現取消交易或偽造資訊等狀況。

Address：地址，一串由英文與數字組合的亂碼，這就像是銀行的匯款帳號。在加密貨幣的世界中必須要有地址才能接收加密貨幣。

Airdrop：空投。這是指區塊鏈項目向社群用戶發放免費代幣，本質上是一種行銷活動，用意是讓自己的區塊鏈項目或新代幣有更高的討論度。通常需要用戶質押熱門代幣或是完成一些指定的任務。參與這些空投活動就叫做擼羊毛。

Altcoin：山寨幣，指除比特幣以外的所有加密貨幣。而「山寨季」（Altcoin Season）則是指山寨幣表現超越比特幣的時期，通常伴隨著許多山寨幣價格大幅上漲的現象。這時，投資者更傾向於買入比特幣以外的加密貨幣，例如 ETH、SOL、XRP、DOGE 等。

Ape In：指的是「無腦投入，買就對了」。通常指不經太多思考就大膽投注 DeFi 項目或買進迷因幣。例句：Ape first, research later.（先投再研究）。

API：這是指「應用程式介面」（Application Programming Interface），

應用程式透過呼叫函式庫或作業系統的程式碼來執行需求。

ATH：All Time High，指歷史上的價格最高點。與之相對的就是史上最低點 ATL（All Time Low）。

Bear Market：熊市，空頭市場，指景氣整體向下。當市場氣氛長期低迷時，就如同熊的冬眠期，投資人不看好後市，紛紛賣出持有的幣。相反的就是 Bull Market（牛市），即多頭市場，指市場上多數標的呈現上漲趨勢。

Bitcoin：比特幣，又被稱為「大哥」或「大餅」。

Bitcoin Maximalist：比特幣至上主義。這個主義的信徒，認為 BTC 是唯一有價值的加密貨幣。

Blockchain：區塊鏈，使用分散式節點進行資料儲存與傳遞的技術，是一種去中心化的資料庫。非對稱加密法讓區塊鏈實現不可竄改的特性，是所有加密貨幣的核心底層技術。

BTD：Buy The Dip，逢低買進。是相對於「定期定額」和「一次 All In」的投資策略。

Cryptocurrency：加密貨幣，指透過區塊鏈技術或密碼學加密的數位資產。

DApp：去中心化應用程式（Decentralized Application），是建構在區塊鏈上的應用程式。

DCA：Dollar-Cost Averaging，定期定額投資法，定期分次購買的用意是可以讓購入成本平均，避免買在最高點。

Decentralized：去中心化，不必依靠第三方中介機構運作的體系，是比特幣的核心理念。

DeFi：去中心化金融（Decentralized Finance），在區塊鏈上透過智能合約自動執行的金融服務。

Degen：墮落者（degenerate）的縮寫，在幣圈指的是追求高風險、高回報的投機者，類似「賭狗」，但通常擁有不錯的技術和知識。可當名詞、形容詞或動詞。

Diamond Hands：鑽石手，指的是無論資產如何波動，一旦持有即不再賣出。相反的人稱為「紙手」（Paper Hands），價格稍有波動就賣掉的操作。

DYOR：Do Your Own Research，指投資人在投資前必須自己做好研究，了解相關內容與風險後再投資。

FOMO：Fear of Missing Out，害怕錯失。指的是當投資標的飆漲時，投資人因為害怕錯過漲幅而不顧一切的進場心態。

Cold Wallet：冷錢包，指沒有連接網路的錢包，私鑰在離線裝置完成簽章，相比熱錢包更為安全。

Fear and Greed Index：恐懼與貪婪指數，用 0 到 100 來計算市場情緒。0 分代表「極度恐懼」，100 分則代表「極度貪婪」（通常是表示市場過熱）。

FUD：恐懼、不確定、懷疑（Fear, Uncertainty, Doubt）三者合稱，指投資人在不確定行情時，會出現的過度拋售心態。

Futures：期貨，衍生性金融商品。在到期日（未來的某天），會以現貨價格進行倉位的結算的投資部位。舉例來說，若我預測 3 個月後的比特幣現貨價格為 6 萬，那我可以在現在以 5 萬的價格買進比特幣期貨，3 個月後到期時，可以用當時的價格出售，賺取價差。補充說明：期貨的本

質在於預測未來的價格,用作避險或是投資。

Funding Rate:資金費率。為了使永續合約價格與現貨市場一致而設置的費率。當多數人看好加密貨幣的市場,使期貨價格(也就是預測未來的價格)比現貨價格還要高,為了平衡這個現象,合約做多的人每8個小時需付一筆資金費率給做空的人。反之,當市場前景不好時,做空的人數大於做多的人數,則由做空的那方付資金費率給做多的人。以此抑制多數人在合約市場持續做多或做空。

GameFi:遊戲化金融。通常區塊鏈遊戲內的獎勵代幣可以變現,實現 P2E(Play to Earn),也就是邊玩邊賺錢。

GAS:燃料費。進行區塊鏈上交易時,付給礦工的手續費。

Halving:減半。指的是比特幣挖礦報酬(Block Reward)約每4年一次就會減半。過去4次減半發生的時間,在比特幣牛市的開頭和結束的中間。很多投資者相信減半是每一輪牛市的重要指標。

HODL:堅定長期持有,不賣出手中的幣。源自於 Bitcointalk 論壇上某位用戶將 hold 拼寫錯誤。

Honeypot Scams:蜜罐騙局,這種加密貨幣騙局會惡意創建虛假的加密錢包或代幣來引誘投資者購買。手法通常是在代幣合約中植入惡意的代碼,讓項目方能惡意凍結流動性,導致代幣無法出售或須繳納極高的手續費,中文世界也稱之為「貔貅盤」(意指其「只進不出」的特性)。去中心化交易所(DEX)龍頭 Uniswap 的許多代幣都存在這種蜜罐騙局的風險。

ICO:首次公開發幣(Initial Coin Offering),指幣圈項目首次向大眾販售項目方的加密貨幣來融資。類似於股市的 IPO,但受法規約束更少。

IEO：首次交易所公開發幣（Initial Exchange Offering）。在 2017 年 ICO 的一波大熱和氾濫之後，許多 ICO 項目方跑路，使投資人蒙受損失，ICO 變得惡名昭彰。因此，許多幣圈項目選擇與交易所合作，向大眾販售項目方的加密貨幣來融資，藉由交易所的背書提高投資人信賴。

IDO：首次去中心化交易所公開發幣（Initial DEX Offering）。跟上一項的 IEO 一樣，只是發幣的合作對象換成「去中心化交易所」（Decentralized Exchange，DEX），一樣是藉由 DEX 的背書提高投資人信賴。

KYC：Know Your Customer，銀行或交易所透過收集客戶資訊並驗證身分，確保合規的監管制度。

Liquidity Risk：流動性風險，指在金融市場中，資產（如股票或加密貨幣）因為參與者和訂單過少，導致無法以合理價格快速買賣，可能導致交易成本增加或無法及時執行交易，這就是流動性風險的表現。管理此風險的策略可以選擇高流動性市場和交易所、分散交易時間或使用限價單（limit order）。

Market Maker：做市商，是一種金融市場上的參與者，他們向市場報出買入價和賣出價，並完成交易。做市商除了提供流動性，同時也從買賣價差中獲利。

Memecoin：迷因幣，指的是源自網路迷因（meme）和搞笑圖等的加密貨幣。這些貨幣通常毫無技術含量和功用，更多偏向於社群行銷和趣味。頂級的迷因幣包括狗狗幣（DOGE）、柴犬幣（SHIB）、佩佩蛙（PEPE）幣和川普幣（$TRUMP）。需注意的是雖然迷因幣看似能在短期帶來巨大財富，但其實其中隱藏的風險是更高的。

Miner：礦工，從事挖礦的人。當區塊鏈上的資訊需要有人維護（記帳），礦工就會透過驗證交易並打包上鏈，藉以獲得代幣獎勵。

NFT：非同質化代幣（Non-Fungible Token）。每一個代幣都獨一無二，透過區塊鏈技術能確保真偽，常應用於藝術和遊戲等領域。

Perpetual Futures：幣圈的永續期貨合約，簡稱「永續合約」或「合約」。玩法與傳統期貨類似，最大的差別是沒有結算日，並有「資金費率」。因為其保證金的制度，可以以小博大，槓桿甚至可以開到125倍，可以說是幣圈最受歡迎的玩法。

PoS：權益證明（Proof of Stake），挖礦術語。驗證者透過持有代幣的數量為依據，去爭取記帳的權利。

PoW：工作量證明（Proof of Work），挖礦術語。驗證者需計算數學問題，藉由礦機的算力來爭取記帳的權利。

Rug Pull：抽地毯式騙局，又稱跑路盤，通常指區塊鏈項目開發方放棄計畫捲款潛逃，割投資人韭菜，例如2021年主打Play to Earn的鏈上遊戲及其代幣「魷魚幣」（SQUID）在一天內就下跌99.9%。開發者可能一開始就蓄意在智能合約裡設下漏洞，讓投資者無法順利賣出代幣（貔貅盤或蜜罐合約）。

Sat：聰，比特幣的最小單位。名稱由來是比特幣的發明人中本聰（Satoshi Nakamoto）。1聰等於0.00000001比特幣（億分之一）。

Smart Contract：智能合約，寫於區塊鏈上的一系列if then程式碼。類似於去中心化的自動販賣機。讓用戶與區塊鏈互動時，系統可以直接應對用戶的操作給出相應的反應，無須開發者額外干涉。

Stablecoin：穩定幣，價值錨定法幣的加密貨幣，最常見的為美元穩

定幣，如 USDT 和 USDC 等。

Staking：質押，指用戶將持有的加密貨幣鎖定在區塊鏈平台，幫助驗證交易和維持區塊鏈的運行。作為回報，一定時間後參與者會獲得新挖出的加密貨幣。所以用戶在平台上質押貨幣，其實是一種新型態的「挖礦」。質押挖礦和傳統的礦機挖礦不同，是用 PoS 共識機制來運行。

Shitcoin：垃圾幣、空氣幣，沒有功能、技術、文化和價值的代幣，例如大部分的迷因幣、傳銷幣和名人幣。雖然垃圾幣短期可能因為炒作而暴漲，但絕大部分最終價值都會歸零，是非常高風險的投資。

Sybil Attack：女巫攻擊，這是利用大量虛假帳號來操控網路的攻擊方式。例如，幣圈的空投項目如果不事先預防女巫攻擊，會讓少數人操控的大量帳戶分走大部分的獎勵。

To the Moon：形容幣價將飆漲到月球，是幣圈常見的信仰口號。

U：USDT 的簡稱，也有人稱為「油」。在幣圈作為計價單位，價值錨定美元。「刀」則是指法幣的美元（US Dollar）。

Wallet：錢包，指去中心化的加密資產儲存單位。一個錢包至少包含一組地址與私鑰，地址可以公開，私鑰則絕對不行。

Whale：鯨魚，指持幣很多的大戶。反之持幣少的可稱為蝦米（Shrimp）。

Yield Farming：流動性挖礦。在 DeFi 項目裡，透過提供項目流動性，獲取代幣獎勵或穩定幣的收益。

追高：看到幣價一路衝高，為了不錯過接下來的上漲行情而買進。

殺低：看到幣價一路走低，為了不錯過接下來的下跌行情而賣出 / 做空。

割肉：看到幣價一路下跌，因為害怕接下來會繼續走低，就忍痛認賠出場。

踏空：踏空是指幣價上漲，但投資者卻沒有及時買進，空手或空倉錯過了漲幅。

賣飛：賣飛是指投資者賣出持有的資產後，此資產還是繼續上漲，少賺了一個波段。

倒貨：大量出售某一資產。

吸貨：大量買進某一資產。

砸盤：砸盤是股價下跌的一種特殊方式，跟自然波動成交而下跌的方式不同，是大戶或莊家惡意拋售。通常砸盤的目的是為了壓低成本或是洗掉散戶並吸收其拋出的籌碼。如果要避免砸盤，通常大戶會選擇OTC（場外交易）出貨，讓幣價的影響減到最小。

洗盤：主力在拉升股價前砸盤，是為了讓一些做短線的投資者和信心不足的散戶出局，這就是洗盤。目的是吸收信心不足的短線散戶拋出的籌碼，達到拉盤的目的。

二哥：指加密貨幣市值第二位的以太幣（ETH）。有些人也暱稱ETH的諧音為「姨太」。

割：大戶（莊家、主力）先拉高吸引散戶進場，再大量拋售資產變現，讓幣價下跌，讓韭菜們賠錢。

韭菜：貶義，指的是市場上學不乖的散戶、總是追漲殺跌卻賠錢的投資人。來源是因為韭菜長得很快，很容易收割。但其實幣圈大家都自稱韭菜，只不過是老韭菜或新韭菜的差別。

吸血：指比特幣獨漲，其他幣跌的行情。

資金盤：龐式騙局的變形，類似老鼠會的吸金手段。

貔貅盤：這是形容投資者可以購買代幣卻無法順利出售，或是賣出時會加上很多限制的加密貨幣騙局。起源是貔貅這種古代神獸據說可以為主人吞下各種金銀財寶，卻不會排泄出來。

土狗幣：土狗幣跟空氣幣（Aircoin）或垃圾幣（Shitcoin）的意思相近，指的是沒有技術和理念，可能有匿名人士操盤短期拉漲或砸盤的幣圈項目。大量押注土狗幣期待能暴富的行為被稱作「衝土狗」或「打土狗」。

跨鏈：透過各種方案，實現不同區塊鏈上的資產轉移與互動。

公鏈：公開的區塊鏈（Public Blockchain），所有人都可以成為該鏈的節點來維護系統、挖礦獲利、使用該鏈進行發送交易、記帳或是查看紀錄等的服務。例如比特幣和以太坊就是大眾最熟悉的公鏈。

私鏈：私有的區塊鏈（Private Blockchain），通常由企業或組織管理營運，對使用者設立限制，效率較高也較中心化。

聯盟鏈：Consortium Blockchain，由多家機構共同管理營運的區塊鏈，較接近私鏈的模式。

幣圈：投資加密貨幣的社群，熱衷於討論交易或 DeFi、GameFi、NFT 等投資獲利方式。

鏈圈：研究區塊鏈技術的社群，專注於開發區塊鏈底層技術、關心相關產業應用。

礦圈：專注於挖礦的社群，研究顯卡、礦機與挖礦機制。

共識機制：決定區塊鏈如何運行的機制，包含區塊生成、驗證方式、獎勵發放等設定。

莊家：幣圈中的「莊家」通常指的是擁有大量資金的個人或組織，可

能是鯨魚、發起某項專案的背後組織、交易所或對沖基金等。散戶相信他們能夠透過大規模的拉盤和砸盤，精準操控市場價格。

羊毛黨：形容用一點點努力，以低風險賺取利潤的人。在幣圈指透過關注各種項目方最新消息，獲取免費獲利機會的群體，其行為則被稱為「擼羊毛」。

進階交易常用術語

加密貨幣交易所的許多進階玩法都參考了股票和期貨，有興趣的投資人可以多加研究，找出最適合自己的分析策略。

年化收益率：Annual Percentage Yield，APY。指的是考慮複利情況，投資整整一年會得到的報酬率。幣圈的許多項目 APY 都高於傳統金融，不過投資的時候需要考慮到與之相伴的風險。

K 線圖：蠟燭型態的幣價棒畫成的幣價走勢圖，最基本的技術分析工具。

綠 K：在台股是跌，但在幣圈是綠漲紅跌。（不過，許多台灣幣友仍將台股的習慣搬到幣圈，用一片紅表示大漲。）

紅 K：在台股是漲，但在美股和幣圈都是綠漲紅跌。

做多：LONG。代表持有多頭部位，本意是代表長期投資，現在大致上就是買進的意思。

做空：SHORT。代表持有空頭部位，本意是代表短線炒作，現在大致上就是賣出、預期未來價格下跌後再回補賺取價差的意思。

現貨市場：Spot Market，指實際能儲存、轉移或是交易的金融商品，與槓桿、合約等衍生性金融商品（Derivatives）相對。

倉位：在合約市場中，擁有一個做多的倉位不代表擁有比特幣現貨，而是持有一個看多比特幣的契約，到時候會和看空的契約一起結算。

槓桿：Leverage，透過放入保證金，借到更多的錢，有較大的資金去進行投資，使獲利可以倍增（但虧損也會倍增）。

開單：建立一個投資部位，也稱為建倉。

全倉：Cross Margin，在交易所開單做槓桿的合約交易時，需要使用保證金。全倉指的是同時開許多單交易時，不同筆交易都共用一筆保證金。全倉好處是交易能承受更大的價格波動，抗強平能力強。缺點則是帳戶餘額全部作為保證金，頭寸能承受更大的價格波動，強平風險較低。但如果市場大幅波動，單一頭寸的重大虧損可能耗盡整個帳戶餘額，導致所有頭寸被強平。

逐倉：Isolated Margin，各筆交易不共用保證金，但單筆交易的強平風險會比較高，但不會影響到其他筆交易。

爆倉：指行情劇烈波動讓保證金不足，若不及時補足保證金，合約倉位就會被交易所強制平倉（強平），讓投資人的保證金瞬間歸零。

穿倉：在市場經歷極端波動時，因為波動太快太大，系統也無法及時強制平倉，不只保證資金會爆倉歸零，投資人還會倒欠交易所。

平倉：投資人手動終止合約交易，達到止盈或止損。

插針：短時間內有大量訂單成交，導致價格瞬間急劇波動後回到正常價格，使K棒留下長長的上下影線。插針對於現貨交易者沒有影響，但對於合約或其他加上槓桿玩法的投資人很容易觸及止損甚至爆倉，大家都不

喜歡。

對沖：透過購買行情不相關或是相反的標的，減緩或規避漲跌的風險。

加倉：加碼買進原先已擁有的投資部位。

減倉：減少原先已擁有的投資部位。

均線：一段時間內的幣價平均值連線，可視為這段時間的平均成本價。透過不同的計算方式，有移動平均線（MA）、指數移動平均線（EMA）等等。

突破：在幣價上升、下降或盤整的趨勢中，若幣價跑出原本的區間即為突破，說明不同的行情或將出現。

收斂：隨著價格波動越來越小，成交量也在縮小，在收斂結束前狀況不明。這時可以等待幣價表態，才能知道下一波趨勢如何走。

支撐／壓力：交易量高的區間，也就是資金集中的區域，一般認為幣價不容易突破這個價位。若跌破支撐就會形成壓力，像是價格的天花板；反之突破壓力就會成為支撐，像是價格的地板。

頭肩頂：幣價走出兩個肩一個頭形狀的頂部，一般認為是看跌的型態。

頭肩底：幣價走出兩個肩一個底形狀的底部，一般認為是看漲的型態。

M頂：幣價走出M形的頂部，一般認為是看跌的型態。

W底：幣價走出W形的底部，一般認為是看漲的型態。

趨勢線：透過幾個K線圖上的端點連線形成的線，在幣價突破線之前可視為趨勢的方向。

金叉：快速線由下而上穿過慢速線，一般認為是後市將看漲的指標。

死叉：快速線由上而下穿過慢速線，一般認為是後市將看跌的指標。

一心文化　SKILL014

加密貨幣投資金律：幣圈實戰教學及獲利放大法則
原名《比特幣投資金律》

作　　者	腦哥
編　　輯	蘇芳毓
排　　版	polly530411@gmail.com
美術設計	劉孟宗（liiiu.ooo）
出　　版	一心文化有限公司
電　　話	02-27657131
地　　址	臺北市信義區永吉路 302 號 4 樓
郵　　件	fangyu@soloheart.com.tw
二版一刷	2025 年 8 月
二版二刷	2025 年 9 月

總 經 銷	大和書報圖書股份有限公司
電　　話	02-89902588

有著作權・侵害必究
缺頁或破損請寄回更換

國家圖書館出版品預行編目（CIP）

加密貨幣投資金律 / 腦哥著 .
-- 二版 . -- 台北市 : 一心文化出版 : 大和發行 , 2025.08
　　面 ;　公分 . -- (一心文化)

ISBN 978-626-98798-5-4(平裝)

1.CST: 電子貨幣　2.CST: 投資分析

563.146　　114008132

OKX

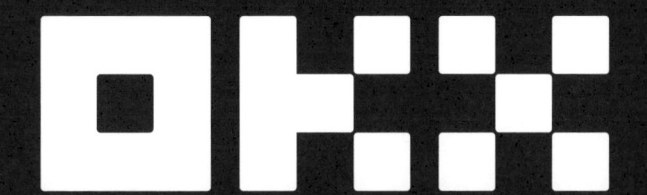

Line社群　　Instagram　　App下載

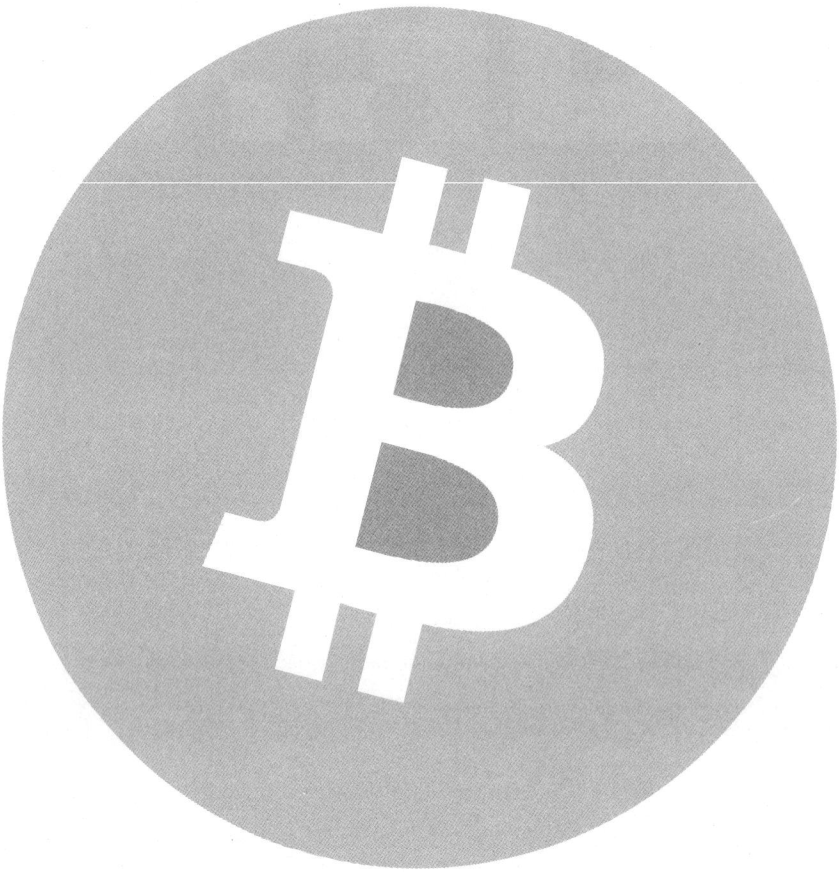